Dr. Oetker Teenie Backbuch

Dr. Oetker Teenie Backbuch

Dr. Oetker Verlag

VORWORT

KANN ES ETWAS SCHÖNERES GEBEN ALS NACHMITTAGE MIT DEINER BESTEN FREUNDIN ZU VERBRINGEN?

Ihr sucht nach neuen, interessanten Aktivitäten?

Entdeckt doch einfach gemeinsam die Küche! Wir zeigen euch hier mit etwa 40 Rezepten wie der Coffee Store mit seinen Trend-Gebäcken zu euch nach Hause kommt oder wie geschmackvoll die neue Mode sein kann ;-)). Ein DVD-Nachmittag wird unvergesslich, wenn du deine Freundin mit „Black Swan" überraschst. Sie wird staunen, dass du ihn selbst gebacken hast.

Und da nach der „Arbeit" – wie wir alle wissen – das Vergnügen kommt, sollten deine/eure selbst gebackenen Köstlichkeiten anschließend einer intensiven Geschmacksprüfung unterzogen werden. Dabei lässt es sich ganz sicher herrlich quatschen und chillen.

Egal ob Smileys, Cupcakes oder cremig gefüllte Whoopies, angesagte Cakepops oder selbst gemachte Marshmallows, hier werden Wünsche erfüllt und (Back-) Träume wahr.

Viele der Rezepte eignen sich, hübsch verpackt, auch als superschönes, sehr persönliches Geschenk. Egal ob für die Freundin, für deine Eltern oder eine besonders nette Lehrerin … damit sind dir Lob und Anerkennung gewiss.

Die Rezepte sind garantiert an einem Nachmittag fertig und so gut beschrieben, dass auch Anfängerinnen es bestimmt hinbekommen. Im Ratgeber sind besondere Arbeitsschritte, die nicht so geläufig sind, zusätzlich erklärt.

REZEPT
Auf Seite 58

GOOD TIMES

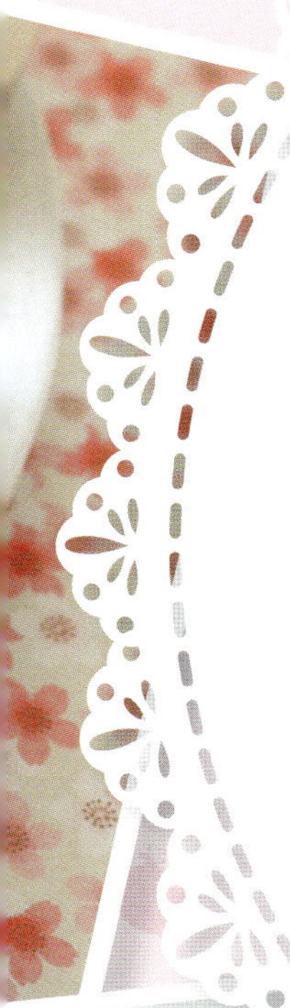

COFFEE STORE @ HOME.

ESPRESSO-COOKIES

48 STÜCK

ZUBEREITUNGSZEIT: 60 MINUTEN · BACKZEIT: 18–20 MINUTEN JE BACKBLECH

ZUM VORBEREITEN:
2 gestr. EL lösliches Espressopulver
2 EL kochendes Wasser
100 g Edelbitter-Schokolade (mind. 70 % Kakao)

FÜR DEN RÜHRTEIG:
225 g Butter oder Margarine (zimmerwarm)
150 g Zucker
1 Prise Salz
1 Pck. Dr. Oetker Bourbon-Vanille-Zucker
250 g Weizenmehl
1 gestr. TL Dr. Oetker Backin

ZUM DEKORIEREN:
24 Schoko-Kaffeebohnen
1 TL neutrales Speiseöl, z. B. Sonnenblumenöl
etwa 50 g Kuvertüre (weiß)

AUSSERDEM:
2 Backbleche
etwas Fett
2 Bögen Backpapier

1. Zum Vorbereiten Espressopulver in kochendem Wasser auflösen, gut verrühren und erkalten lassen. Schokolade auf der Haushaltsreibe raspeln oder mit einem Messer sehr fein hacken.
2. Den Backofen vorheizen. Ober-/Unterhitze: etwa 180 °C, Heißluft: etwa 160 °C.
3. Für den Teig Butter oder Margarine in einer Rührschüssel mit einem Mixer (Rührstäbe) auf höchster Stufe geschmeidig rühren. Nach und nach Zucker, Salz und Vanille-Zucker unterrühren. Erkalteten Espresso auf kleiner Stufe unterrühren. So lange rühren, bis sich alle Zutaten gut miteinander verbunden haben und eine glatte Masse (gebundene Masse) entstanden ist.
4. Mehl mit Backpulver in einer Schüssel vermischen und in 2 Portionen auf mittlerer Stufe kurz unterrühren. Geraspelte oder gehackte Schokolade unterrühren.
5. Backbleche leicht einfetten (so rutscht das Backpapier nicht weg), mit Backpapier belegen. Auf jedes Backblech von dem Teig mit 2 Teelöffeln 24 walnussgroße, runde Häufchen mit etwas Abstand setzen. Auf 24 Teighäufchen je eine Schoko-Kaffeebohne in die Mitte geben und leicht festdrücken.
6. Die Backbleche nacheinander in den vorgeheizten Backofen schieben. Die Espresso-Cookies 18–20 Minuten je Backblech backen. Möchtest du mit Heißluft backen, kannst du beide Backbleche zusammen in den Backofen schieben. Dann backen alle Cookies zusammen 18–20 Minuten.
7. In der Zwischenzeit Kuvertüre mit dem Öl im heißen Wasserbad bei schwacher Hitze schmelzen (siehe Ratgeber S. 92/93 → Wasserbad).
8. Backbleche aus dem Backofen nehmen. Achtung: sehr heiß, Topflappen verwenden! Das Backpapier mit den Cookies auf Kuchenroste ziehen. Cookies erkalten lassen.
9. Die Cookies ohne Schoko-Kaffeebohnen noch auf dem Backpapier mit einem Löffel mit der geschmolzenen Kuvertüre besprenkeln. Kuvertüre trocknen lassen.

Tipps: Wenn dir das Besprenkeln zu aufwendig ist, belege alle Cookies mit Schoko-Kaffeebohnen. Du kannst statt der weißen auch Vollmilch- oder Zartbitter-Kuvertüre verwenden. Verwende doch mal statt der Edelbitter-Schokolade übriggebliebene Weihnachtsmänner- oder Osterhasenschokolade. Hacke sie und gib sie in den Teig. Die Cookies schmecken dann jedesmal etwas anders.

KIRSCH-BROWNIES

48 STÜCKE

ZUBEREITUNGSZEIT: 40 MINUTEN (OHNE KÜHLZEIT) • BACKZEIT: 25–30 MINUTEN

Die Brownies schmecken auch ohne den Guss sehr lecker. Du kannst sie dann einfach dünn mit Puderzucker bestäuben. Besonders hübsch ist es, die einzelnen Brownies in kleine Papierförmchen zu setzen.

ZUM VORBEREITEN:
200 g Zartbitter-Schokolade (etwa 50 % Kakao)
200 g Walnusskerne

FÜR DEN ALL-IN-TEIG:
450 g Weizenmehl
40 g Kakao zum Backen
4 gestr. TL Dr. Oetker Backin
200 g brauner Zucker
150 g Zucker
1 Pck. Dr. Oetker Bourbon-Vanille-Zucker
1/2 gestr. TL Salz
400 ml Sonnenblumenöl
100 g Schlagsahne
6 Eier (Größe M)
100 g gehackte Mandeln
350 g abgetropfte Sauerkirschen (aus dem Glas)

FÜR DEN GUSS:
200 g Zartbitter-Schokolade (etwa 50 % Kakao)
100 g Schlagsahne

ZUM DAHINSCHMELZEN

1 Zum Vorbereiten Schokolade und Walnusskerne hacken. Das Backblech leicht einfetten (so rutscht das Backpapier nicht weg) und mit Backpapier belegen.

2 Den Backofen vorheizen. Ober-/Unterhitze: etwa 180 °C, Heißluft: etwa 160 °C.

3 Für den Teig Mehl mit Kakao und Backpulver in einer Rührschüssel mischen. Braunen Zucker, Zucker, Vanille-Zucker, Salz, Öl und Sahne hinzufügen. Eier (siehe Ratgeber S. 92/93 → Eierprobe) hinzufügen. Die Zutaten mit einem Mixer (Rührstäbe) zunächst kurz auf niedrigster, dann auf höchster Stufe in etwa 1 Minute zu einem glatten Teig verarbeiten. Gehackte Walnusskerne, Mandeln und Schokoladenstückchen kurz unterrühren. Sauerkirschen mit einem Löffel vorsichtig unterheben. Teig auf das vorbereitete Backblech geben und glatt streichen.

4 Das Backblech in den vorgeheizten Backofen schieben und die Teigplatte 25–30 Minuten backen.

5 Das Backblech auf einen Kuchenrost stellen. Achtung: sehr heiß, Topflappen verwenden! Gebäck erkalten lassen.

6 Für den Guss Schokolade in kleine Stücke brechen und mit der Sahne in einem kleinen Topf im heißen Wasserbad bei schwacher Hitze (siehe Ratgeber S. 92/93 → Wasserbad) unter Rühren schmelzen lassen. So lange rühren, bis eine geschmeidige Masse entstanden ist.

7 Den Guss mit einem Teigschaber oder einem Löffel auf dem Kuchen verteilen. Guss fest werden lassen. Dann den Kuchen in Rechtecke (etwa 6 x 5 cm) schneiden.

AUSSERDEM:
1 Backblech (etwa 30 x 40 cm)
etwas Fett
1 Bogen Backpapier

CHEESECAKE IM GLAS

6 GLÄSER

ZUBEREITUNGSZEIT: 40 MINUTEN (OHNE ABKÜHL- UND KÜHLZEITEN)

ZUM DEKORIEREN:

6–12 Mini-Zitronen- oder Orangengeleefrüchte
oder 6 Schoko-Ornamente
oder 2 TL weiße, gelbe und rosa Drageeperlen
oder 12 Schokoladen-Dekorstäbchen

Tipps: Hier kannst du bei der Dekoration nach Lust und Laune experimentieren. Du kannst z. B. kleine Namensschilder oder Fähnchen basteln. Dafür Namen oder gute Wünsche usw. auf kleine Papierstreifen (doppelte Länge des fertigen Schildchens) schreiben. Eine Hälfte mit einem Klebestift bestreichen und über ein Holzstäbchen (z. B. Zahnstocher) klappen. Trocknen lassen und vor dem Servieren in die Cheesecakes stecken.

FÜR DEN BRÖSELBODEN:
120 g Butter oder Margarine (zimmerwarm), 150 g Butterkekse

FÜR DIE CREME:
1 Beutel aus 1 Pck. Götterspeise Zitronen-Geschmack
200 ml Wasser
200 g Doppelrahm-Frischkäse
80 g Puderzucker, 1 Pck. Dr. Oetker Vanillin-Zucker,
3 EL Zitronensaft, 400 g Schlagsahne (mind. 30 % Fett),
1 Pck. Dr. Oetker Vanillin-Zucker

AUSSERDEM:
1 großer Gefrierbeutel, 6 nicht zu hohe Gläser (je etwa 200 ml Inhalt)

1 Für den Boden Butter oder Margarine in einem kleinen Topf zerlassen, etwas abkühlen lassen. Die Butterkekse in einen großen Gefrierbeutel geben. Den Beutel fest verschließen und die Butterkekse mit einer Teigrolle fein zerbröseln. Einen Esslöffel der Keksbrösel beiseitelegen. Restliche Keksbrösel in eine Schüssel geben. Butter oder Margarine hinzufügen und die Zutaten mit einer Gabel gut vermengen. Die Mischung gleichmäßig in die Gläser verteilen und mit einem Teelöffel zu flachen Böden andrücken. Gläser in den Kühlschrank stellen.

2 Für die Creme das Götterspeisepulver mit Wasser in einem kleinen Topf mit einem Schneebesen anrühren. Etwa 5 Minuten zum Quellen stehen lassen. Mischung unter Rühren bei mittlerer Hitze erhitzen, bis die Götterspeise aufgelöst ist. Dabei nicht kochen lassen, sonst wird die Masse nicht richtig fest. Topf von der Kochstelle nehmen. Götterspeise abkühlen lassen.

3 Frischkäse mit Puderzucker, Vanillin-Zucker und Zitronensaft in einer Rührschüssel mit einem Schneebesen verrühren und die fast abgekühlte Götterspeise zügig unterrühren. Die Masse in den Kühlschrank stellen.

4 Sahne steif schlagen, dabei Vanillin-Zucker unterrühren. Sahne bis zur Weiterverarbeitung in den Kühlschrank stellen.

5 Wenn die Frischkäse-Götterspeise-Masse beginnt dicklich zu werden (nach etwa 10–15 Minuten), die Sahne in 2–3 Portionen mit einem Teigschaber unterheben.

6 Die Sahnecreme mit einem Löffel gleichmäßig auf die Keksböden verteilen und die Oberfläche mit einem Teelöffel glatt streichen. Die Gläser wieder in den Kühlschrank stellen, bis die Creme fest geworden ist (etwa 30 Minuten).

7 Vor dem Servieren die Cheesecakes im Glas dekorieren. Bestreue den Rand der Cheesecakes mit den beiseitegestellten Keksbröseln. Dann lege 1–2 Zitronen-Geleefrüchte auf die Creme oder jeweils 1 Schoko-Ornament, evtl. leicht eindrücken oder streue auf die Oberfläche Drageeperlen oder du steckst jeweils 2 Schoko-Stäbchen leicht in die Creme.

APFEL-ZIMT-MUFFINS

12 STÜCK

ZUBEREITUNGSZEIT: 25 MINUTEN · BACKZEIT: ETWA 25 MINUTEN

1. Die Papierbackförmchen in die Muffinform legen.

2. Den Backofen vorheizen. Ober-/Unterhitze: etwa 180 °C, Heißluft: etwa 160 °C.

3. Zum Vorbereiten die Äpfel schälen, vierteln und entkernen. Äpfel in kleine Stücke oder Schnitze schneiden und mit Zucker und Zimt vermischen. Eiweiß in eine Rührschüssel geben (siehe Ratgeber S. 92/93 → Eierprobe). Zucker hinzufügen und mit einem Mixer (Rührstäbe) steif schlagen. Eischnee in den Kühlschrank stellen.

4. Für den Teig Butter in eine Rührschüssel geben und mit einem Mixer (Rührstäbe) schaumig schlagen. Zucker, Salz und Eigelb dazugeben und unterrühren. Mehl und Backpulver auf die Buttermischung streuen (noch nicht unterrühren).

5. Zunächst die Hälfte des Eischnees auf die Butter-Mehl-Masse geben und zügig unterrühren. Den restlichen Eischnee mit einem Teigschaber vorsichtig unterheben.

6. Den Teig in Papierförmchen verteilen. Die vorbereiteten Zimt-Äpfel gleichmäßig auf dem Teig verteilen und etwas hineindrücken.

7. Die Muffinform auf dem Rost in den vorgeheizten Backofen schieben. Apfel-Zimt-Muffins etwa 25 Minuten backen.

8. Die Form auf einen Kuchenrost stellen. Achtung: sehr heiß, Topflappen verwenden! Muffins etwas abkühlen lassen, dann aus der Form nehmen und mit Puderzucker bestäuben.

FRUCHTIG UND LECKER

Tipp: Die Apfel-Zimt-Muffins sind schön saftig und halten sich gut verpackt 2–3 Tage. Sehr lecker sind sie lauwarm. Du kannst sie bei schwacher Wattzahl in der Mikrowelle wieder erwärmen. Dann sollten sie allerdings umgehend gegessen werden.

ZUM VORBEREITEN:

500 g säuerliche Äpfel (z. B. Boskop)
2 EL Zucker
1 gestr. TL gem. Zimt
3 Eiweiß (Größe M)
50 g Zucker

FÜR DEN TEIG:

160 g Butter (zimmerwarm)
120 g Zucker
1 Prise Salz
3 Eigelb (Größe M)
180 g Weizenmehl
1 gestr. TL Dr. Oetker Backin
1–2 EL Puderzucker

AUSSERDEM:

1 Muffinform (für 12 Muffins)
12 Papierbackförmchen

BLUEBERRY PANCAKES 12 STÜCK

ZUBEREITUNGSZEIT: 30 MINUTEN · AUSBACKZEIT: INSGESAMT ETWA 15 MINUTEN

ZUM VORBEREITEN:
100 g Blaubeeren (Heidelbeeren)
100 g Sahnejoghurt (10 % Fett)
1 Pck. Dr. Oetker Bourbon-Vanille-Zucker

FÜR DEN PANCAKES-TEIG:
1 gestr. TL Dr. Oetker Finesse Geriebene Zitronenschale
125 g Ricotta (ital. Frischkäse)
1 gestr. EL Zucker
2 Eigelb (Größe S)
1 Prise Salz
60 g Weizenmehl
1 gestr. TL Dr. Oetker Backin
1 Msp. Natron
75 ml Milch (1,5 % Fett)

FÜR DEN EISCHNEE:
2 Eiweiß (Größe S)
1 gestr. EL Zucker
etwa 2 EL Butter zum Ausbacken
etwas Puderzucker
100 ml Ahornsirup

AUSSERDEM:
1 beschichtete Bratpfanne (ø 24–26 cm)

Tipps: Du kannst den Teig und die Blaubeeren sehr gut vorbereiten. Stell den Teig dann bis zum Backen zugedeckt in den Kühlschrank. Möchtest du tiefgefrorene Blaubeeren verwenden, gib sie unaufgetaut auf die Pancakes, da sie sonst den gesamten Teig färben. Denk daran, dass sich Blaubeerflecken in Textilien nicht oder nur sehr schwer entfernen lassen.

1. Zum Vorbereiten die Blaubeeren verlesen, abspülen und in einem Sieb abtropfen lassen. Blaubeeren mit Küchenpapier trocken tupfen. Joghurt mit Vanille-Zucker verrühren.

2. Für den Teig Zitronenschale, Ricotta, Zucker, Eigelb (siehe Ratgeber S. 92/93 → Eierprobe) und Salz in einer Rührschüssel mit einem Schneebesen glatt rühren. Mehl mit Backpulver und Natron mischen, mit der Milch kurz und sorgfältig unter die Ricottamasse rühren.

3. Für den Eischnee Eiweiß mit einem Mixer (Rührstäbe) steif schlagen, dabei den Zucker einrieseln lassen. So lange schlagen, bis der Einschnee stark glänzt. Eischnee vorsichtig unter den Teig heben.

4. Einen Teelöffel Butter in einer beschichteten Pfanne bei mittlerer Hitze zerlassen. 3 Pancakes darin backen. Dazu je Pancake 3–4 Esslöffel Teig in die Pfanne geben. Pancakes etwa 4 Minuten bei schwacher bis mittlerer Hitze backen, bis der Teig etwas fest geworden ist und sich an der Oberfläche des Teiges kleine Bläschen bilden. Dann die Blaubeeren portionsweise darauf verteilen.

5. Die Pancakes mithilfe von 2 Pfannenwendern umdrehen. Einen weiteren Teelöffel Butter hinzugeben. Die Pancakes weitere 3–4 Minuten backen. Aus dem Teig insgesamt 12 Pancakes backen.

6. Die Pancakes mit Puderzucker bestäuben und mit Ahornsirup beträufeln. Den Vanille-Joghurt in einem kleinen Schälchen dazureichen.

BLUEBERRIES MAKE EVERYTHING PURPLE :-)

HEIDELBEER-VANILLE-MUFFINS

12 STÜCK

ZUBEREITUNGSZEIT: 25 MINUTEN · BACKZEIT: ETWA 30 MINUTEN

ZUM VORBEREITEN:
250 g frische oder
200 g TK-Heidelbeeren (unaufgetaut)

FÜR DEN ALL-IN-TEIG:
300 g Weizenmehl
3 gestr. TL Dr. Oetker Backin
150 g Zucker
1 Pck. Dr. Oetker Bourbon-Vanille-Zucker
1 Prise Salz
2 Eier (Größe M)
250 g Sahne-Pudding Bourbon-Vanille
(aus dem Kühlregal)
4 EL (etwa 50 ml) Sonnenblumenöl

AUSSERDEM:
1 Muffinform (für 12 Muffins)
12 Papierbackförmchen

1. Zum Vorbereiten frische Heidelbeeren verlesen, vorsichtig abspülen, abtropfen lassen und mit Küchenpapier trocken tupfen.

2. Den Backofen vorheizen. Ober-/Unterhitze: etwa 180 °C, Heißluft: etwa 160 °C.

3. Die Papierbackförmchen in die Muffinform legen.

4. Für den Teig Mehl mit Backpulver in einer Rührschüssel mischen. Zucker, Vanille-Zucker, Salz, Eier (siehe Ratgeber S. 92/93 → Eierprobe), Pudding und Speiseöl hinzufügen. Die Zutaten mit einem Mixer (Rührstäbe) zunächst kurz auf niedrigster, dann auf höchster Stufe in etwa 2 Minuten zu einem glatten Teig verarbeiten.

5. Heidelbeeren (TK-Heidelbeeren unaufgetaut) vorsichtig mit einem Teigschaber unterheben (vorsichtig rühren, die Früchte färben sonst den gesamten Teig lila).

6. Den Teig in den Papierförmchen verteilen und glatt streichen.

7. Die Muffinform auf dem Rost in den vorgeheizten Backofen schieben. Heidelbeer-Vanille-Muffins etwa 30 Minuten backen.

8. Die Form auf einen Kuchenrost stellen. Achtung: sehr heiß, Topflappen verwenden! Muffins etwa 10 Minuten in der Form stehen lassen, dann vorsichtig mit dem Papier aus der Form nehmen und auf einem Kuchenrost erkalten lassen.

Tipps: Wenn du keine Muffinform hast, kannst du die Muffins auch in dreifach ineinandergestellten Papierbackförmchen backen. Dabei kann es allerdings sein, dass sie etwas „auseinandergehen". Statt der Heidelbeeren kannst du auch Himbeeren nehmen.

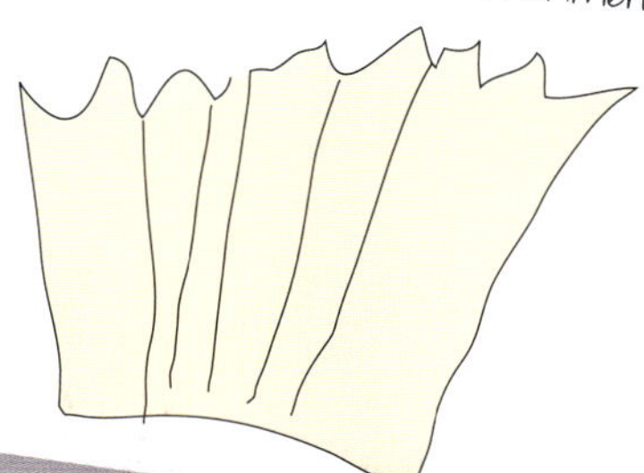

SHORTBREAD-SCHEIBEN

50 STÜCK

ZUBEREITUNGSZEIT: 30 MINUTEN (OHNE KÜHLZEIT) · BACKZEIT: 10–15 MINUTEN JE BACKBLECH

1. Zum Vorbereiten die Eier trennen (siehe Ratgeber S. 92/93 → Eierprobe). Eigelb beiseitestellen. Eiweiß anderweitig verwenden, siehe Tipp.

2. Für den Teig Mehl in eine Rührschüssel geben. Restliche Zutaten und das beiseitegestellte Eigelb hinzufügen und mit einem Mixer (Knethaken) zunächst auf niedrigster, dann auf höchster Stufe gut durcharbeiten. Den Teig anschließend auf einer leicht mit Mehl bestäubten Arbeitsfläche zu einem glatten Teig verkneten. Aus dem Teig 2 Rollen (je etwa 25 cm lang) formen. Die Teigrollen in Frischhaltefolie wickeln und mindestens 1 Stunde in den Kühlschrank legen.

3. Die Backbleche leicht einfetten (so rutscht das Backpapier nicht weg) und mit Backpapier belegen.

4. Den Backofen vorheizen. Ober-/Unterhitze: etwa 180 °C, Heißluft: etwa 160 °C.

5. Die Teigrollen dünn mit Wasser bestreichen und in Zucker wälzen. Zucker andrücken. Teigrollen mit einem Sägemesser ohne Druck in etwa 1 cm dicke Scheiben schneiden. Dabei die Rollen immer wieder drehen, damit die Scheiben gleichmäßig rund werden. Teigscheiben auf die Backbleche legen. Mit einer Gabel ein Muster in die Teigscheiben stechen.

6. Die Backbleche nacheinander in den vorgeheizten Backofen schieben. Die Shortbread-Scheiben 10–15 Minuten je Backblech backen. Möchtest du mit Heißluft backen, kannst du beide Backbleche zusammen in den Backofen schieben. Dann backen alle Shortbread-Scheiben zusammen 10–15 Minuten.

7. Die Backbleche aus dem Backofen nehmen und auf Kuchenroste stellen. Achtung: sehr heiß, Topflappen verwenden! Lass die Kekse etwa 5 Minuten auf den Backblechen abkühlen. Anschließend das Backpapier von den Backblechen auf die Kuchenroste ziehen und die Shortbread-Scheiben erkalten lassen.

VERY BRITISH

Tipp: Bei diesem Rezept bleiben 2 Eiweiß übrig. Eiweiß hält gut zugedeckt im Kühlschrank etwa einen Tag und kann z. B. mit 2–3 weiteren Eiern zu Rührei verarbeitet werden.

ZUM VORBEREITEN:
2 Eier (Größe M)

FÜR DEN KNETTEIG:
300 g Weizenmehl
30 g Hartweizengrieß
120 g Zucker
1 Pck. Dr. Oetker Vanillin-Zucker
1/2 gestr. TL Salz
200 g Butter
2 EL kaltes Wasser

FÜR DEN RAND:
2 EL Wasser
2 EL Zucker

AUSSERDEM:
2 Backbleche
etwas Fett
2 Bögen Backpapier

CASHEW-SCHOKO-COOKIES

60 STÜCK

ZUBEREITUNGSZEIT: 30 MINUTEN · BACKZEIT: ETWA 15 MINUTEN JE BACKBLECH

ZUM VORBEREITEN:
200 g Zartbitter-Schokolade (etwa 50 % Kakao)
100 g geröstete, gesalzene Cashewkerne
1–2 TL rosa Pfefferbeeren

FÜR DEN RÜHRTEIG:
200 g Butter oder Margarine (zimmerwarm)
120 g Zucker
1 Ei (Größe M)
200 g Weizenmehl
1 gestr. TL Dr. Oetker Backin

AUSSERDEM:
3 Backbleche
etwas Fett
3 Bögen Backpapier

SCHOKO TRIFFT SCHARF

1 Zum Vorbereiten zunächst 80 g von der Schokolade im heißen Wasserbad bei schwacher Hitze schmelzen (siehe Ratgeber S. 92/93 → Wasserbad). Schokolade lauwarm abkühlen lassen.

2 Cashewkerne grob hacken und 1–2 Esslöffel davon beiseitestellen. Restliche Schokolade und Pfefferbeeren ebenfalls hacken.

3 Den Backofen vorheizen. Ober-/Unterhitze: etwa 180 °C, Heißluft: etwa 160 °C.

4 Für den Teig Butter oder Margarine mit einem Mixer (Rührstäbe) auf höchster Stufe geschmeidig rühren. Nach und nach Zucker unterrühren. So lange rühren, bis eine glatte Masse (gebundene Masse) entstanden ist. Das Ei unterrühren (etwa ½ Minute, siehe Ratgeber S. 92/93 → Eierprobe). Geschmolzene Schokolade kurz unterrühren.

5 Mehl mit Backpulver mischen und auf mittlerer Stufe kurz unterrühren. Zuletzt die gehackten Zutaten (nicht die beiseitegestellten 1–2 Esslöffel Cashewkerne) dazugeben und ebenfalls kurz unterrühren.

6 Die Backbleche leicht einfetten (so rutscht das Backpapier nicht weg) und mit Backpapier belegen. Auf jedes Backblech von dem Teig mithilfe von 2 Teelöffeln 20 walnussgroße, möglichst runde Häufchen mit etwas Abstand setzen. Mit den beiseitegestellten Cashewkernen bestreuen.

7 Die Backbleche nacheinander in den vorgeheizten Backofen schieben. Die Cashew-Schoko-Cookies etwa 15 Minuten je Backblech backen. Möchtest du mit Heißluft backen, kannst du die Backbleche zusammen in den Backofen schieben (Herstellerangabe beachten). Dann backen alle Cookies zusammen etwa 15 Minuten.

8 Backbleche aus dem Backofen nehmen. Achtung: sehr heiß, Topflappen verwenden! Das Backpapier mit den Cookies auf Kuchenroste ziehen. Cookies erkalten lassen.

Tipps: Hast du einen Eiskugel-Portionierer, kannst du damit sehr schöne, gleichmäßig runde Cookies formen. Je nach Größe des Portionierers werden auch deine Cookies unterschiedlich groß. Eventuell musst du größere Cookies dann etwas länger backen. Cookies sehen sehr schön aus, wenn du sie in ein großes Vorratsglas (oder alte Einweckgläser) schichtest. So verpackt kannst du sie wunderbar verschenken. Einfach noch ein hübsches Schild mit einem Dekobändchen daran befestigen, fertig!

KROKANT-COOKIES

48 STÜCK

ZUBEREITUNGSZEIT: 30 MINUTEN (OHNE ABKÜHL- UND TROCKENZEIT)
BACKZEIT: ETWA 15 MINUTEN JE BACKBLECH

FÜR DEN RÜHRTEIG:

200 g Butter oder Margarine (zimmerwarm)
120 g Zucker
1 Pck. Dr. Oetker Vanillin-Zucker
1 Prise Salz
1 Ei (Größe M)
200 g Weizenmehl (Type 550)
1 gestr. TL Dr. Oetker Backin
150 g Haselnuss-Krokant
50 g Raspelschokolade (Zartbitter oder Vollmilch)

ZUM DEKORIEREN:

50 g Haselnuss-Krokant
1 TL neutrales Speiseöl, z. B. Sonnenblumenöl
50 g Kuvertüre (Zartbitter oder Vollmilch)

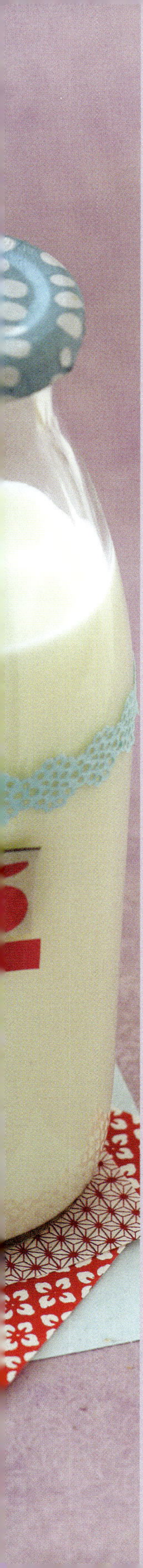

AUSSERDEM:
3 Backbleche
etwas Fett
3 Bögen Backpapier

1. Den Backofen vorheizen. Ober-/Unterhitze: etwa 180 °C, Heißluft: etwa 160 °C.

2. Für den Teig Butter oder Margarine in einer Rührschüssel mit einem Mixer (Rührstäbe) auf höchster Stufe geschmeidig rühren. Nach und nach Zucker, Vanillin-Zucker und Salz unterrühren. So lange rühren, bis eine glatte Masse (gebundene Masse) entstanden ist. Das Ei unterrühren (etwa ½ Minute, siehe Ratgeber S. 92/93 → Eierprobe).

3. Mehl mit Backpulver vermischen und auf mittlerer Stufe kurz unterrühren. Zuletzt Haselnuss-Krokant und Raspelschokolade unterrühren.

4. Die Backbleche leicht einfetten (so rutscht das Backpapier nicht weg) und mit Backpapier belegen. Auf jedes Backblech von dem Teig mithilfe von 2 Teelöffeln 16 walnussgroße, möglichst runde Häufchen mit etwas Abstand setzen. Ein Drittel der Cookies unbestreut backen. Ein weiteres Drittel mit Haselnuss-Krokant bestreuen, Krokant leicht festdrücken.

5. Die Backbleche nacheinander in den vorgeheizten Backofen schieben. Die Krokant-Cookies etwa 15 Minuten je Backblech backen. Möchtest du mit Heißluft backen, kannst du zwei oder drei Backbleche (Herstellerangabe beachten) zusammen in den Backofen schieben. Dann backen alle Cookies zusammen etwa 15 Minuten.

6. In der Zwischenzeit die Kuvertüre im heißen Wasserbad bei schwacher Hitze schmelzen (siehe Ratgeber S. 92/93 → Wasserbad).

7. Backbleche aus dem Backofen nehmen. Achtung: sehr heiß, Topflappen verwenden! Das Backpapier mit den Cookies auf Kuchenroste ziehen. Cookies erkalten lassen.

8. Das letzte Drittel der Cookies noch auf dem Backpapier mithilfe eines Löffels mit der geschmolzenen Kuvertüre besprenkeln. Kuvertüre trocknen lassen.

Tipp: Ohne Kuvertüreguss sind die Krokant-Cookies prima für den Ausflug mit der Klasse oder der Familie. Da die Schokolade eingebacken ist, bleiben die Hände sauber.

CINNAMON ROLLS

8 STÜCK

ZUBEREITUNGSZEIT: 15 MINUTEN (OHNE RUHEZEIT) · BACKZEIT: 25–30 MINUTEN

AUSSERDEM:
1 Backblech
etwas Fett
1 Bogen Backpapier

TIPPS: Besonders lecker ist Hefegebäck ganz frisch. Du kannst einen kleinen Apfel schälen, abspülen, in kleine Stücke schneiden und die Apfelstückchen mit einrollen. Dann wird's fruchtig. Die Cinnamon Rolls können nach dem Backen auch noch mit Puderzuckerguss bestrichen oder besprenkelt werden.

FÜR DEN HEFETEIG:
375 g Weizenmehl
1 Pck. Hefeteig Garant
75 g Zucker
150 ml lauwarme Milch (1,5 % Fett)
75 g Butter (zimmerwarm)
knapp 1 gestr. TL gem. Kardamom

FÜR DIE ARBEITSFLÄCHE:
50 g Weizenmehl

ZUM BESTREICHEN UND BESTREUEN:
50 g Butter (zerlassen und abgekühlt)
knapp 1 gestr. TL gem. Zimt
50 g Zucker
60 g Rosinen
etwas Kondensmilch

1 Für den Teig Mehl mit Hefeteig Garant in einer Rührschüssel gründlich vermischen. Zucker, Milch, Butter und Kardamom hinzufügen und mit einem Mixer (Knethaken) in 3–5 Minuten zu einem glatten Teig verarbeiten.

2 Die Arbeitsfläche mit Mehl bestreuen und den Teig daraufgeben. Teig mit einer Teigrolle zu einem Rechteck (etwa 24 x 30 cm) ausrollen. Teigplatte mit Butter bestreichen. Zimt und Zucker vermischen. 1–2 Esslöffel Zimt-Zucker beiseitestellen. Restlichen Zimt-Zucker gleichmäßig auf der Teigplatte verteilen. Anschließend die Rosinen daraufgeben. Teigplatte von der kürzeren Seite her locker aufrollen (der Teig muss noch aufgehen können). Teigrolle mit einem scharfen Messer in etwa 3 cm breite Scheiben schneiden. Dabei das Messer sägend – mit möglichst wenig Druck – durch den Teig führen.

3 Das Backblech leicht einfetten (so rutscht das Backpapier nicht weg) und mit Backpapier belegen. Teigstücke mit ausreichend Abstand auf das Backblech legen, leicht mit den Händen flach drücken. Dabei eventuell abstehende Teigenden gut andrücken. Teigstücke mit Frischhaltefolie zudecken und 15 Minuten ruhen lassen.

4 Den Backofen vorheizen. Ober-/Unterhitze: etwa 180 °C, Heißluft: etwa 160 °C.

5 Die Folie entfernen, die Teigstücke mit Kondensmilch bestreichen und mit dem beiseitegestellten Zimt-Zucker bestreuen. Das Backblech in den vorgeheizten Backofen schieben. Die Cinnamon Rolls 25–30 Minuten backen.

6 Backblech aus dem Backofen nehmen. Achtung: sehr heiß, Topflappen verwenden! Das Backpapier mit den Cinnamon Rolls auf Kuchenroste ziehen. Gebäck erkalten lassen.

AMAZING SMOOTHIES

JE 2–3 PORTIONEN

1 HIMBEER-BUTTERMILCH-SMOOTHIE

150 g Buttermilch, 2 gestr. EL Zucker, 2 EL Zitronensaft, 150 g Himbeeren (frisch oder TK), 250 ml Himbeersorbet oder Himbeereis

1. Buttermilch mit Zucker, Zitronensaft, verlesenen Himbeeren und dem leicht angetauten Himbeersorbet oder -eis in einen Elektromixer geben und kurz pürieren.
2. Himbeer-Buttermilch-Smoothie in Gläsern verteilen und sofort servieren.
3. Ist dir der Smoothie zu dickflüssig, gib etwas mehr Buttermilch hinzu.

2 MELONEN-SMOOTHIE

500 g orangefarbene Netzmelone (gut gekühlt), 2 Bananen, 1 TL Zitronensaft, 3 EL flüssiger Honig, 50 g Crème fraîche oder Joghurt, 150 ml Milch (1,5 % Fett), 100 ml Apfelsaft (gut gekühlt)

1. Melone halbieren, entkernen, schälen und in kleine Stücke schneiden. Bananen schälen und ebenfalls in Stücke schneiden. Melonen- und Bananenstücke mit Zitronensaft, Honig, Crème fraîche oder Joghurt, Milch und Apfelsaft in einem Elektromixer fein pürieren.
2. Melonen-Smoothie in Gläsern verteilen und gut gekühlt servieren.
3. Ist dir der Smoothie zu dickflüssig, gib etwas mehr Milch hinzu.

3 GURKEN-SELLERIE-SMOOTHIE

1 Salatgurke (gut gekühlt), 1 kleine Stange Staudensellerie mit Grün, 5 Stängel glatte Petersilie, 100 g Sahnejoghurt (10 % Fett), 30 g Amaranth-Pops (erhältlich in Reformhäusern oder Bioläden), Meersalz, gem. Pfeffer, 1/2 gestr. TL gem. Koriander

1. Die Gurke schälen und grob zerkleinern. Selleriestange putzen und die harten Außenfäden abziehe Selleriestange mit dem Grün abspülen, abtropfen lassen, mit dem Grün grob zerkleinern. Petersilie abspülen und trocken tupfen. Die Blättchen von den Stängeln zupfen. Blättchen grob zerschneiden. Die vorbereiteten Zutaten mit Joghurt, Amaranth-Pops, etwas Meersalz, Pfeffer und Koriander in einen Elektromixer geben und fein pürieren.
2. Gurken-Sellerie-Smoothie in Gläsern verteilen und gut gekühlt servieren.
3. Ist dir der Smoothie zu dickflüssig, gib etwas kalte Milch hinzu.

FÜR GEMÜSEFANS
3
SO SCHÖN ERFRISCHEND
2
1
EIN TRAUM IN ROSA

TEA-TIME

JE 4 PORTIONEN

1 EISTEE

1 Liter Wasser, 3 Teebeutel für schwarzen Tee, Schale von 1 Bio-Zitrone (unbehandelt, ungewachst) Schale von 1 Bio-Orange (unbehandelt, ungewachst), 2 Gewürznelken, 1 Zimtstange, 2 Pimentkörner, Zucker oder Honig

1. Wasser zum Kochen bringen. Teebeutel, Zitronen-, Orangenschale, Nelken, Zimtstange und Pimentkörner in eine Teekanne geben. Kochendes Wasser aufgießen und die Zutaten 3–5 Minuten ziehen lassen. Den Tee durch ein Sieb gießen, mit Zucker oder Honig süßen und erkalten lassen. Tee in den Kühlschrank stellen.

2. Vier Gläser mit Eiswürfeln füllen und mit dem Tee aufgießen. Nach Belieben mit einer Orangenscheibe dekorieren.

2 MINZTEE

1 Liter Wasser, 3 Teebeutel für schwarzen Tee, 4 Stängel frische Minze, evtl. Zucker

1. Wasser zum Kochen bringen. Teebeutel in eine Teekanne geben. Kochendes Wasser aufgießen und den Tee 3–5 Minuten ziehen lassen.

2. In 4 Teegläser je 1 Stängel Minze (abgespült) geben und mit dem heißen Tee auffüllen. Nach Belieben mit Zucker süßen.

3 CHAI-LATTE

1 Liter Milch (1,5 % Fett), 4 gestr. EL lose schwarze Teeblätter, evtl. brauner Zucker

1. Milch in einem Topf zum Kochen bringen. Teeblätter hinzufügen und etwa 2 Minuten leicht köcheln lassen. Den Chai-Latte durch ein Sieb gießen.

2. Chai-Latte in 4 Gläsern verteilen. Nach Belieben mit braunem Zucker süßen.

Chai-Latte kann nach Geschmack mit Gewürzen wie Zimtstange, Nelken, Kardamom und Sternanis gewürzt werden. Erkaltet kann er mit Eiswürfeln serviert werden.

4 INGWERTEE

1 Liter kochendes Wasser, 1 Stück Ingwerwurzel (etwa 40 g), evtl. flüssiger Honig

1. Ingwerwurzel schälen und in 4 Scheiben schneiden. Ingwerscheiben in 4 Teegläser verteilen und mit Wasser aufgießen. Ingwertee etwa 3 Minuten ziehen lassen. Nach Belieben mit etwas flüssigem Honig süßen.

Ingwertee ist schön würzig und wärmt besonders in der kalten Jahreszeit „von innen". Der Geschmack ist zunächst ungewohnt, da etwas scharf. Probier ihn einfach mal ...

5 YOGI TEA® (TEEMISCHUNG)

600 ml Wasser, 1½ TL (etwa 2 g) YOGI TEA® Classic Chai (lose Teemischung), 400 ml Milch (1,5 % Fe

1. Wasser zum Kochen bringen. Teemischung hinzufügen. Tee 15–20 Minuten zugedeckt köcheln la Tee durch ein Sieb gießen, in 4 Gläsern verteilen, sodass die Gläser etwa zur Hälfte gefüllt sind.

2. Milch erhitzen und aufschäumen. Den Milchschaum mit einem Löffel auf den Tee geben. Milch vorsichtig in die Gläser gießen.

INDISCHER KARDAMOMTEE (OHNE BILD)

1 Liter Wasser, 12 grüne Kardamomkapseln, 3 TL lose schwarze Teeblätter, Zucker, Milch

1. Wasser zum Kochen bringen. Kardamomkapseln hinzufügen und etwa 5 Minuten köcheln lassen. Die Kardamomkapseln entfernen.

2. Teeblätter in einem Siebeinsatz in eine Teekanne geben und mit dem Kardamomwasser übergießen. 2–3 Minuten ziehen lassen. Das Teesieb entfernen.

3. Kardamomtee mit Zucker und Milch servieren.

YOU MAKE ME SMILE.

SMILEYS

18 STÜCK (Ø 5–6 CM)
ZUBEREITUNGSZEIT: 45 MINUTEN
(OHNE ABKÜHL- UND TROCKENZEIT)
BACKZEIT: ETWA 18 MINUTEN JE BACKBLECH

FÜR DEN RÜHRTEIG:
80 g Butter oder Margarine (zimmerwarm)
100 g Zucker
1 Prise Salz
2 gestr. TL Dr. Oetker Finesse Geriebene Zitronenschale
2 Eier (Größe M)
300 g Weizenmehl
1 gestr. TL Dr. Oetker Backin
150 ml Milch (3,5 % Fett)

FÜR DIE GESICHTER:
etwa 2 Lakritzschnecken

FÜR DEN ZITRONENGUSS:
250 g Puderzucker
gelbe Back- und Speisefarbe (aus der Tube)
etwa 5 EL Zitronensaft

AUSSERDEM:
2 Backbleche
etwas Fett
2 Bögen Backpapier

1. Den Backofen vorheizen. Ober-/Unterhitze: etwa 180 °C, Heißluft: etwa 160 °C.

2. Für den Teig Butter oder Margarine in einer Rührschüssel mit einem Mixer (Rührstäbe) auf höchster Stufe geschmeidig rühren. Nach und nach Zucker, Salz und geriebene Zitronenschale unterrühren. So lange rühren, bis sich alle Zutaten gut miteinander verbunden haben und eine glatte Masse (gebundene Masse) entstanden ist. Eier nach und nach unterrühren (jedes Ei etwa ½ Minute, siehe Ratgeber S. 92/93 → Eierprobe). Mehl mit Backpulver in einer Schüssel vermischen und in 2 Portionen abwechselnd mit der Milch auf mittlerer Stufe kurz unterrühren.

3. Die Backbleche leicht einfetten (so rutscht das Backpapier nicht weg) und mit Backpapier belegen. Auf jedes Backblech von dem Teig mithilfe von 2 Esslöffeln 9 gleich große, möglichst runde Häufchen mit etwas Abstand setzen.

4. Die Backbleche nacheinander in den vorgeheizten Backofen schieben. Die Küchlein etwa 18 Minuten je Backblech backen. Möchtest du mit Heißluft backen, kannst du beide Backbleche zusammen in den Backofen schieben. Dann backen alle Küchlein zusammen etwa 18 Minuten.

5. Backbleche aus dem Backofen nehmen. Achtung: sehr heiß, Topflappen verwenden! Das Backpapier mit den Küchlein von den Backblechen auf Kuchenroste ziehen. Küchlein erkalten lassen.

6. In der Zwischenzeit die Lakritzschnecken vorsichtig entrollen, sodass 2 lange dünne Lakritzschnüre entstehen. Kleine Lakritzstücke (weniger als ½ cm Länge) als Augenpaare und Lakritzmunde (etwa 4 cm lang) abschneiden und beiseitelegen.

7. Für den Zitronenguss Puderzucker und Speisefarbe in eine kleine Schüssel geben. Nach und nach tropfenweise so viel Zitronensaft darunterrühren, dass ein dickflüssiger, glatter, gelber Guss entsteht.

8. Nimm die Küchlein vom Backpapier. Streiche den Zitronenzuckerguss mit einem Tafelmesser oder einem Silikonbackpinsel auf die Unterseite der Küchlein. Mit den beiseitegelegten Lakritzstückchen kannst du jetzt die Gesichter auf den noch feuchten Guss legen. Die Smileys auf einen Kuchenrost legen und zum Trocknen beiseitestellen. Achtung: Die Oberfläche soll gerade liegen, damit die Gesichter nicht verrutschen.

Tipps: Speisefarbe vorsichtig dosieren. Die Farbintensität ist sehr unterschiedlich, je nachdem, welches Produkt man verwendet. Je farbintensiver der Guss werden soll, desto mehr Speisefarbe benötigst du. Augen und Mund kannst du auch mit dunkler Zuckerschrift aufmalen. Hierfür die Gesichter nach Packungsanleitung auf den getrockneten Guss aufzeichnen.

STREET-FASHION-COOKIES

ZUBEREITUNGSZEIT: 75 MINUTEN (OHNE KÜHL- ABKÜHL- UND TROCKENZEIT)
BACKZEIT: ETWA 13 MINUTEN JE BACKBLECH

21 STÜCK (JE 7 KLEIDER, FLAKONS UND HANDTASCHEN)

FÜR DEN KNETTEIG:
250 g Weizenmehl
knapp 1/2 gestr. TL Dr. Oetker Backin
100 g Puderzucker
1 Pck. Dr. Oetker Finesse Geriebene Zitronenschale
150 g Butter oder Margarine (gut gekühlt)
1 Eiweiß (Größe M)

FÜR DEN ZUCKERGUSS:
300 g Puderzucker
etwa 5 EL Zitronensaft
einige Tropfen Speisefarbe (gelb, rot, grün und blau)

ZUM DEKORIEREN:
Zuckerperlen
Zuckerschrift

AUSSERDEM:
1 kleiner Gefrierbeutel
2–3 Backbleche
etwas Fett
2–3 Bögen Backpapier

1 Für den Teig Mehl mit Backpulver und Puderzucker in einer Rührschüssel mischen. Geriebene Zitronenschale, Butter oder Margarine und Eiweiß (siehe Ratgeber S. 92/93 → Eierprobe) hinzugeben. Die Zutaten mit einem Mixer (Knethaken) zunächst kurz auf niedrigster, dann auf höchster Stufe gut durcharbeiten.

2 Anschließend auf einer leicht mit Mehl bestäubten Arbeitsfläche mit den Händen zu einem glatten Teig verkneten. Achtung: nicht zu lange zu kneten, dann wird der Teig zu weich. Den Teig zu einer Rolle formen und in 3 Portionen teilen. Jeweils in Frischhaltefolie wickeln und etwa 1 Stunde in den Kühlschrank legen.

3 In der Zwischenzeit mithilfe der Vorlage (auf den Innenseiten der Buchdeckel) Schablonen aus Backpapier herstellen. Dafür die Vorlage auf Backpapier abpausen, auf eine dünne Pappe kleben und entlang der aufgezeichneten Konturen ausschneiden.

4 Den Backofen vorheizen. Ober-/Unterhitze: etwa 180 °C, Heißluft: etwa 160 °C. Die Backbleche leicht einfetten (so rutscht das Backpapier nicht weg) und mit Backpapier belegen.

5 Zunächst eine Teigportion auf der leicht mit Mehl bestäubten Arbeitsfläche etwa 3 mm dick ausrollen. Schablonen auf den Teig legen und mit einem Messer Kleider, Flakons und Handtaschen ausschneiden. Mit den anderen Teigportionen ebenso verfahren. Die ausgeschnittenen Teigkekse mit einem breiten Messer oder einem Tortenheber vorsichtig auf ein Backblech legen. Die Teigreste wieder zusammenkneten und ausrollen, bis der Teig aufgebraucht ist (falls der Teig klebt, zwischendurch immer wieder in den Kühlschrank legen).

6 Die Backbleche nacheinander in den vorgeheizten Backofen schieben. Die Kekse etwa 13 Minuten je Backblech backen. Möchtest du mit Heißluft backen, kannst du die Backbleche zusammen in den Backofen schieben. Dann backen alle Kekse zusammen etwa 13 Minuten.

7 Backbleche aus dem Backofen nehmen. Achtung: sehr heiß, Topflappen verwenden! Backpapier mit den Keksen von den Backblechen auf Kuchenroste ziehen und erkalten lassen.

8 Für den Guss Puderzucker in einer kleinen Schüssel nach und nach mit so viel Zitronensaft verrühren, dass ein dickflüssiger, glatter Guss entsteht. Den Guss in 4–6 Portionen teilen. Jede Portion in ein kleines Schälchen geben und je nach gewünschter Farbe unterschiedlich mit Speisefarbe einfärben. Türkis: Blau und Grün, Hellgrün: Gelb und wenig Blau, Orange: Gelb und wenig Rot.

9 Die Kekse mit einem Messer oder einem kleinen Silikonbackpinsel mit Zuckerguss bestreichen. Den noch feuchten Guss mit Zuckerperlen dekorieren. Guss trocknen lassen.

10 Mit der Zuckerschrift Pünktchen oder Streifen aufmalen. Du kannst einen Rest vom Zuckerguss in einen kleinen Gefrierbeutel geben. Beutel gut verschließen. Dann schneidest Du eine kleine Spitze ab und malst damit die Verzierungen auf. Hier sind deiner Fantasie keine Grenzen gesetzt.

Tipps: Möchtest du die Kekse gemeinsam mit deinen Freundinnen backen, bereite den Teig schon am Vorabend zu und leg ihn in den Kühlschrank. Auch die Schablonen kannst du schon vorbereiten. Dann könnt ihr sofort mit dem Ausschneiden beginnen.
Knetteig mag es immer kühl. Ist die Butter (Margarine) zu weich gewesen, den Knetteig einfach länger im Kühlschrank lassen.

BLACK SWAN

4 STÜCK

ZUBEREITUNGSZEIT: 60 MINUTEN · BACKZEIT: 18–30 MINUTEN

AUSSERDEM:

1 Backblech
1 Bogen Backpapier
1 Spritzbeutel mit Sterntülle (Ø 8–10 mm)
1 Schere

FÜR DEN BRANDTEIG:
1 Pck. Brandteig Garant, 2 gestr. EL Kakao zum Backen,
75 ml Milch (1,5 % Fett), 25 ml (2 EL) Sonnenblumenöl,
2 Eier (Größe M)

FÜR DIE FÜLLUNG
3 dunkle Kakao-Kekse mit Vanille-Creme-Füllung, z. B. Black5 (Griesson)
200 g Schlagsahne (mind. 30 % Fett)
1 Pck. Dr. Oetker Vanillin-Zucker
1 Pck. Sahnesteif

ZUM DEKORIEREN:
etwa 125 g frische Brombeeren
1 EL Puderzucker

1. Den Backofen vorheizen. Ober-/Unterhitze: etwa 200 °C, Heißluft: etwa 180 °C.

2. Für den Teig Brandteig Garant mit Kakaopulver in eine Rührschüssel geben. Milch, Speiseöl und Eier (siehe Ratgeber S. 92/93 → Eierprobe) hinzufügen. Alles mit einem Mixer (Rührstäbe) kurz auf niedrigster, dann auf höchster Stufe in 2 Minuten zu einem glatten Teig verarbeiten.

3. Das Backblech leicht einfetten (so rutscht das Backpapier nicht weg) und mit Backpapier belegen. Den Teig in den Spritzbeutel mit Sterntülle füllen und auf das Backpapier 4-mal ein „S" oder eine „2" (für den Hals, etwa 7 cm lang) mit etwas Abstand aufspritzen. Anschließend 4 leicht längliche Tupfen (für den Körper) mit genügend Abstand auf das Backblech spritzen (siehe kleines Foto).

4. Das Backblech in den vorgeheizten Backofen schieben. Dabei darauf achten, dass die Hälse vorn auf dem Backblech liegen.

5. Die Hälse nach etwa 18 Minuten der Backzeit vorsichtig mit einem Pfannenwender vom Backblech nehmen. Achtung: sehr heiß, Topflappen verwenden! Hälse auf einem Kuchenrost abkühlen lassen. Die Tupfen weitere etwa 12 Minuten backen. Achtung: Während der ersten 15 Minuten der Backzeit die Backofentür nicht öffnen, da das Gebäck sonst zusammenfällt.

6. Sofort nach dem Backen von jedem Windbeutel mit der Schere vorsichtig einen Deckel abschneiden. Dafür den Windbeutel vorsichtig mit einem Topflappen oder Küchenpapier halten. Den Deckel so halbieren, dass man je zwei Schwanenflügel erhält. Windbeutelgebäck (Rumpf und Flügel) ebenfalls auf einem Kuchenrost abkühlen lassen.

7. Für die Füllung Kekse in kleine Würfel hacken. Sahne steif schlagen, Vanillin-Zucker und Sahnesteif dabei einrieseln lassen. Kekswürfel mit einem Teigschaber unterheben. Die Beeren verlesen, evtl. vorsichtig abspülen und gut auf Küchenpapier abtropfen lassen. Kekssahne esslöffelweise in die Gebäckböden füllen. Zunächst den Hals, dann die Flügel in die Sahnefüllung stecken. Brombeeren darauflegen. Brandteigschwäne bis zum Servieren in den Kühlschrank stellen. Vor dem Servieren dünn mit Puderzucker bestäuben.

APFEL-MÖHREN-KÜCHLEIN

24 STÜCK

ZUBEREITUNGSZEIT: 60 MINUTEN (OHNE ABKÜHL- UND KÜHLZEITEN) · BACKZEIT: ETWA 20 MINUTEN

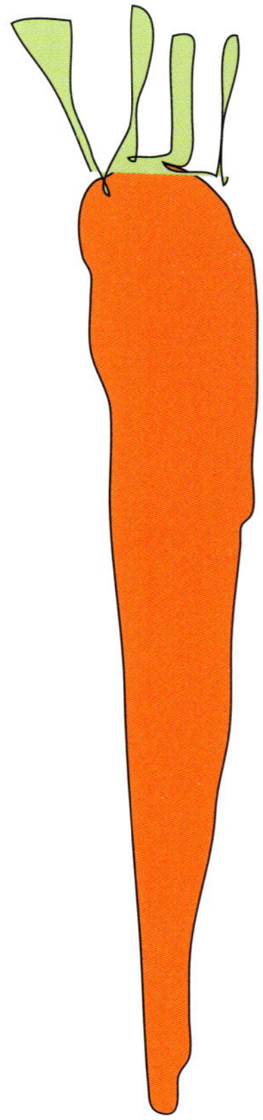

1. Zum Vorbereiten die Apfelhälfte schälen, halbieren, entkernen. Möhre putzen, schälen, abspülen und abtropfen lassen. Apfelviertel und Möhre grob raspeln. Mit Frischhaltefolie zudecken und in den Kühlschrank stellen.

2. Den Backofen vorheizen. Ober-/Unterhitze: etwa 180 °C, Heißluft: etwa 160 °C.

3. Für den Teig Mehl mit Backpulver, Zucker, Vanillin-Zucker, Salz und Zimt in einer Rührschüssel vermischen. Eier (siehe Ratgeber S. 92/93 → Eierprobe), Öl und Buttermilch zu den trockenen Zutaten hinzufügen. Die Zutaten mit einem Mixer (Rührstäbe) kurz auf niedrigster, dann auf höchster Stufe in 2 Minuten zu einem glatten Teig verarbeiten. Apfel- und Möhrenraspel vorsichtig und kurz mit einem Teigschaber unterheben.

4. Das Backblech leicht einfetten (so rutscht das Backpapier nicht weg) und mit Backpapier belegen. Die Waffelbecher daraufstellen. Den Teig mithilfe von 2 Teelöffeln gleichmäßig in den Waffelbechern verteilen.

5. Das Backblech in den vorgeheizten Backofen schieben. Apfel-Möhren-Küchlein etwa 20 Minuten backen.

6. Backblech aus dem Backofen nehmen und auf einen Kuchenrost stellen. Achtung: sehr heiß, Topflappen verwenden! Apfel-Möhren-Küchlein erkalten lassen.

7. Zum Dekorieren Puderzucker in eine kleine Schale geben. Zitronensaft tropfenweise unterrühren. Die Zutaten zu einem dickflüssigen Guss verarbeiten. Guss in einen kleinen Gefrierbeutel füllen. Eine kleine Spitze abschneiden. Auf die Hälfte der Küchlein mit je einem Tropfen vom Guss die Schokolinsen, Marzipan-Möhren oder Deko-Blüten ankleben.

8. Kuvertüre nach Packungsanleitung schmelzen und ebenfalls in einen kleinen Gefrierbeutel geben. Eine kleine Spitze abschneiden. Restliche Küchlein mit Kuvertüre überziehen und ebenso dekorieren. Kuvertüre trocknen lassen.

TIPP: Schneller geht's, wenn man die fertigen, kalten Küchlein mit einem Silikonpinsel oder einem kleinen Löffel mit Zuckerguss oder Kuvertüre bestreicht und die Deko daraufstreut. Guss oder Kuvertüre dann leicht antrocknen lassen, bevor du die Deko aufstreust. Wenn du möchtest, kannst du auch bunte Streusel, Kokosraspel oder gehackte Mandeln nehmen. Zum Befestigen kannst du auch Zuckerschrift (aus der Tube) verwenden.

ZUM VORBEREITEN:
1/2 Apfel (etwa 80 g)
1/2 Möhre (etwa 50 g)

FÜR DEN TEIG:
180 g Weizenmehl
1 TL Dr. Oetker Backin
80 g brauner Zucker
1 Pck. Dr. Oetker Vanillin-Zucker
1 Prise Salz
1/2 gestr. TL gem. Zimt
2 Eier (Größe M)
50 ml neutrales Speiseöl,
z. B. Sonnenblumenöl
50 g Buttermilch
24 Waffelbecher
(mit kakaohaltiger Fettglasur)

AUSSERDEM:
1 Backblech
etwas Fett
1 Bogen Backpapier

ZUM DEKORIEREN:
50 g Puderzucker
1–2 TL Zitronensaft
kleine bunte Schokolinsen
Marzipan-Möhren
Deko-Blüten aus Esspapier
Schokostreusel
50 g Kuvertüre (Vollmilch)

MARSHMALLOWS 48 STÜCK

ZUBEREITUNGSZEIT: 30 MINUTEN (OHNE ABKÜHLZEIT)

ZUM VORBEREITEN:
3 Pck. gem. Gelatine (weiß)
125 ml kaltes Wasser

FÜR DIE MARSHMALLOW-MASSE:
125 ml Wasser
400 g Zucker
2–3 Pck. Dr. Oetker Vanillin-Zucker
einige Tropfen rote Speisefarbe

ZUM STÜRZEN UND BESTREUEN:
150–200 g Puderzucker

ZUM BESTÄUBEN:
1–2 EL Speisestärke

AUSSERDEM:
1 Backblech (soll in den Kühlschrank passen)
etwas Fett
1 Bogen Backpapier

1 Zum Vorbereiten Gelatine in einen kleinen Topf geben. Das Wasser hinzugeben und die Gelatine quellen lassen (etwa 10 Minuten). Ein Backblech leicht fetten (so rutscht das Backpapier nicht weg), mit Backpapier belegen. An den Rändern so knicken, dass ein etwa 2 cm hoher Rand entsteht.

2 Für die Marshmallows Wasser in einem Wasserkocher zum Kochen bringen. Zucker und Vanillin-Zucker in eine Rührschüssel geben.

3 Den Topf mit der gequollenen Gelatine-Wasser-Mischung auf eine Herdplatte stellen. Gelatine bei schwacher Hitze unter Rühren auflösen. Dabei darauf achten, dass die Gelatine nicht kocht, da sie dann nicht mehr geliert. Heißes, aber nicht mehr kochendes Wasser hinzugeben und mit einem Schneebesen gründlich unterrühren.

4 Die Gelatine-Wasser-Mischung nach und nach unter ständigem Rühren mit einem Mixer (Rührstäbe) in die Zuckermischung geben. Auf höchster Stufe zu einer weiß-cremigen Masse aufschlagen.

5 Etwa die Hälfte der Masse auf eine Seite des Backbleches (mit Backpapier belegt) geben. Masse mit einer Teigkarte sofort verteilen, sodass eine etwa 1 cm dicke Schicht entsteht (siehe kleines Foto).

6 Restliche Masse mit einigen Tropfen roter Speisefarbe unter ständigem Schlagen rosa einfärben und auf die andere Seite des Backbleches geben. Ebenfalls sofort verstreichen, sodass eine etwa 1 cm dicke Schicht entsteht.

7 Die Marshmallow-Platte in den Kühlschrank stellen und fest werden lassen.

8 Marshmallow-Platte auf eine mit Puderzucker bestreute Arbeitsfläche stürzen. Das Backpapier vorsichtig abziehen. Marshmallow-Platte mit Puderzucker bestäuben. Mit einem Ausstecher Herzchen (siehe kleines Foto) ausstechen.

9 Speisestärke in ein feines Sieb geben. Marshmallow-Herzen dünn mit Speisestärke bepudern, dabei einmal wenden und auch die Ränder bepudern. Überschüssige Speisestärke vorsichtig abklopfen.

10 Marshmallows bis zum Verzehr in dicht schließenden Kunststoffdosen aufbewahren.

BUNTE LÖFFELBISKUITS

36 STÜCK

ZUBEREITUNGSZEIT: 30 MINUTEN

FÜR DEN GUSS:
125 g Kuchenglasur (dunkel)
125 g Kuchenglasur (Zitrone)
250 g Löffelbiskuits

ZUM DEKORIEREN
1–2 EL gehackte Pistazien
je 1–2 EL Gebäckschmuck nach eigener Wahl (z. B. Glitzerzucker, Schokostreusel, Zuckerherzen und -streusel)

AUSSERDEM:
1 Backblech oder 1 Tablett
1 Bogen Backpapier

1. Für den Guss die beiden Kuchenglasuren nach Packungsanleitung erwärmen.
2. In der Zwischenzeit ein Backblech oder ein Tablett mit Backpapier belegen.
3. Die erwärmte Kuchenglasur jeweils in eine Tasse füllen. Die eine Hälfte der Löffelbiskuits zu etwa einem Drittel in den dunklen Guss tauchen. Guss etwas abtropfen lassen und mit den unterschiedlichen Dekomaterialen bestreuen. Die andere Hälfte der Löffelbiskuits in die helle Kuchenglasur tauchen. Guss ebenfalls abtropfen lassen und mit den unterschiedlichen Dekomaterialen bestreuen. Anschließend zum Trocknen auf das Backpapier legen.
4. Verzierte Schoko-Löffelbiskuits in kleinen Pappbechern oder hübschen, kleinen Gläsern anrichten.

Tipps: Die Mengen der Streudeko gelten bei Verwendung mehrerer unterschiedlicher Sorten. Insgesamt werden etwa 100 g Streusel benötigt. Das hängt auch davon ab, wie dick die Streusel aufgestreut werden.

Selbst gemachte Löffelbiskuits – Titelrezept

Dafür 2 Eiweiß (Größe M) und 1 Prise Salz mit einem Mixer (Rührstäbe) zu einem cremigen Schnee steif schlagen (es sollen sich keine Flocken bilden).

2 Eigelb (Größe M) mit dem Mixer (Rührstäbe) auf höchster Stufe 1 Minute schaumig schlagen. 50 g Zucker und ½ Päckchen Dr. Oetker Vanillin-Zucker dazugeben. Alles in 3 Minuten zu einer weißen dicken Creme aufschlagen, dann mit einem Teigschaber vorsichtig unter den Eischnee heben.

40 g Speisestärke mit 20 g Weizenmehl mischen, daraufsieben und mit dem Teigschaber unterheben. 2 Backbleche leicht einfetten (so rutscht das Backpapier nicht weg) und mit Backpapier belegen.

Den Teig in einen Spritzbeutel mit Lochtülle (Ø 7–8 mm) füllen. Auf die Backbleche etwa 35 Streifen von je 8 cm Länge spritzen und mit 15 g sehr feinem Zucker bestreuen.

Die Backbleche nacheinander in den vorgeheizten Backofen (Ober-/Unterhitze: etwa 180 °C, Heißluft: etwa 160 °C) schieben. Löffelbiskuits etwa 10 Minuten je Backblech backen. Bei Heißluft beide Backbleche zusammen in den Backofen schieben. Dann backen alle Löffelbiskuits zusammen etwa 10 Minuten.

Backbleche aus dem Backofen nehmen und auf Kuchenroste stellen. Achtung: sehr heiß, Topflappen verwenden! Das Backpapier mit den Löffelbiskuits von den Backblechen auf Kuchenroste ziehen. Die erkalteten Löffelbiskuits wie beschrieben dekorieren.

ZITRONEN-JOGHURT-KÜCHLEIN

24 STÜCK

ZUBEREITUNGSZEIT: 50 MINUTEN (OHNE ABKÜHL- UND TROCKENZEIT) · BACKZEIT: ETWA 20 MINUTEN

1. Den Backofen vorheizen. Ober-/Unterhitze: etwa 180 °C, Heißluft: etwa 160 °C.

2. Für den Teig Mehl mit Backpulver und Salz vermischen. Die Zitrone sorgfältig mit warmem Wasser abspülen und abtrocknen. Die Schale auf einer Zitronenreibe oder mit der feinen Seite einer Küchenreibe rundherum abreiben. Achte darauf, nur die gelbe Schicht abzureiben. Abgeriebene Zitronenschale zu der Mehlmischung geben und vermischen.

3. Butter oder Margarine in eine Rührschüssel geben und mit einem Mixer (Rührstäbe) auf höchster Stufe geschmeidig rühren. Nach und nach Zucker und Vanillin-Zucker unterrühren. So lange rühren, bis eine glatte Masse (gebundene Masse) entstanden ist. Eier nacheinander unterrühren (jedes Ei etwa ½ Minute, siehe Ratgeber S. 92/93 → Eierprobe). Joghurt ebenfalls unterrühren. Die Mehlmischung hinzugeben und alles mit einem Mixer (Rührstäbe) kurz auf niedrigster, dann auf höchster Stufe in 2 Minuten zu einem glatten Teig verarbeiten.

4. Das Backblech leicht einfetten (so rutscht das Backpapier nicht weg) und mit Backpapier belegen. Die Waffelbecher daraufstellen. Den Teig mithilfe von 2 Teelöffeln gleichmäßig in den Waffelbechern verteilen.

5. Das Backblech in den vorgeheizten Backofen schieben. Zitronen-Joghurt-Küchlein etwa 20 Minuten backen.

6. Backblech aus dem Backofen nehmen und auf einen Kuchenrost stellen. Achtung: sehr heiß, Topflappen verwenden! Zitronen-Joghurt-Küchlein erkalten lassen.

7. Zum Dekorieren in der Zwischenzeit die Zitrone sorgfältig mit warmem Wasser abspülen und abtrocknen. Von der Zitrone die Schale sehr dünn abschälen und in ganz feine Streifen schneiden. Zitronenschalenstreifen zugedeckt beiseitelegen.

8. Puderzucker in eine kleine Schale geben. Zitronensaft tropfenweise dazugeben und zu einem dickflüssigen Guss verarbeiten. Die Hälfte des Zuckergusses mit einem Silikonpinsel oder einem kleinen Löffel auf 12 der Zitronen-Joghurt-Küchlein verteilen. Den restlichen Zuckerguss mit gelber Speisefarbe einfärben. Die restlichen Küchlein mit dem gelben Zuckerguss bestreichen.

9. Anschließend die Hälfte der Küchlein mit den Zitronenschalenstreifen dekorieren, die andere Hälfte mit den Dekor-Geleefrüchten. Guss trocknen lassen.

TIPPS: Statt mit Zitronen kannst du die Küchlein mit Orangen zubereiten. Nimm dann für den Guss zusätzlich einen Tropfen rote Speisefarbe. Hübsch sieht es aus, wenn die Küchlein mit einigen gehackten Pistazienkernen dekoriert werden. Prickelnd wird es, wenn du auf den noch leicht feuchten Guss etwas Brausepulver streust.

FÜR DEN RÜHRTEIG:
180 g Weizenmehl
1 gestr. TL Dr. Oetker Backin
1 Prise Salz
1 Bio-Zitrone (unbehandelt, ungewachst)
80 g Butter oder Margarine (zimmerwarm)
120 g Zucker
1 Pck. Dr. Oetker Vanillin-Zucker
2 Eier (Größe M)
150 g Joghurt (1,5 % Fett)

24 Waffelbecher (mit kakaohaltiger Fettglasur)

ZUM DEKORIEREN:
1 Bio-Zitrone (unbehandelt, ungewachst)
100 g Puderzucker
1–2 EL Zitronensaft (von der Bio-Zitrone)
einige Tropfen gelbe Speisefarbe
12 Dekor-Geleefrüchte Zitrone

AUSSERDEM:
1 Backblech
etwas Fett
1 Bogen Backpapier

SAURE HERZEN

30 STÜCK

ZUBEREITUNGSZEIT: 25 MINUTEN · BACK-/TROCKENZEIT: ETWA 90 MINUTEN

FÜR DIE BAISERMASSE:
3 Eiweiß (Größe M)
150 g feinkörniger Zucker
1 EL Zitronensaft
2 Pck. Brausepulver Zitronen-Geschmack
1/2 Pck. (20 g) Dr. Oetker Pudding-Pulver Vanille-Geschmack

ZUM BESTREUEN:
2 EL kleine, bunte Zuckerperlen

AUSSERDEM:
1 Spritzbeutel
1 Lochtülle (Ø etwa 8 mm)
2 Backbleche
etwas Fett
2 Bögen Backpapier

1. Den Backofen vorheizen. Ober-/Unterhitze: etwa 100 °C, Heißluft: etwa 80 °C.

2. Für die Baisermasse Eiweiß mit einem Mixer (Rührstäbe) steif schlagen. Der Schnee muss so fest sein, dass ein Messerschnitt sichtbar bleibt. Nach und nach Zucker und Zitronensaft unterschlagen und so lange weiterschlagen, bis die Masse stark glänzt.

3. Die Backbleche leicht einfetten (so rutscht das Backpapier nicht weg) und mit Backpapier belegen. Brausepulver mit Pudding-Pulver mischen und unter den Eischnee rühren. Baisermasse portionsweise in den Spritzbeutel füllen. Herzen in der Größe von etwa 7 cm auf zwei Backbleche spritzen. Die Herzen mit Zuckerperlen bestreuen.

4. Die Backbleche nacheinander in den vorgeheizten Backofen schieben. Die sauren Herzen etwa 90 Minuten je Backblech backen/trocknen. Möchtest du mit Heißluft backen/trocknen, kannst du beide Backbleche zusammen in den Backofen schieben. Dann backen/trocknen alle Herzen zusammen etwa 90 Minuten.

5. Die Backbleche aus dem Backofen nehmen. Achtung: sehr heiß, Topflappen verwenden! Die sauren Herzen mit dem Backpapier von den Backblechen auf Kuchenroste ziehen und erkalten lassen. Saure Herzen in dicht schließenden Kunststoffbehältern aufbewahren.

Tipp: Aus dem restlichen Pudding-Pulver kannst du nach Packungsanleitung, aber mit 250 ml Milch und der Hälfte der angegebenen Zuckermenge, einen leckeren Vanille-Pudding zubereiten.

PRICKELNDER KNUSPERGENUSS

KNUSPER-CROSSIES MIT MANGO

ZUBEREITUNGSZEIT: 30 MINUTEN (OHNE KÜHLZEIT)

30 STÜCK

FÜR DIE KNUSPER-CROSSIES:
150 g Kuvertüre (Vollmilch)
1 TL neutrales Speiseöl, z. B. Sonnenblumenöl
150 g getrocknete Mangostreifen
50 g Cornflakes

AUSSERDEM
1 Tablett (etwa 20 x 30 cm, soll in den Kühlschrank passen)
1 Bogen Backpapier

SCHNELL GEMACHT UND OBERLECKER

1 Die Kuvertüre grob zerkleinern und mit dem Öl im heißen Wasserbad bei schwacher Hitze (siehe Ratgeber S. 92/93 → Wasserbad) unter Rühren schmelzen.

2 In der Zwischenzeit Mangostreifen in kleine Würfel schneiden. Mangowürfel und Cornflakes in einer Schüssel vermischen. Anschließend beides mithilfe eines Teigschabers vorsichtig unter die geschmolzene Kuvertüre heben.

3 Das Tablett mit dem Backpapier belegen. Aus der Mango-Cornflakes-Masse mithilfe von 2 Teelöffeln kleine Häufchen auf das Backpapier setzen. Knusper-Crossies etwa 1 Stunde in den Kühlschrank stellen. Ist nicht viel Platz im Kühlschrank, trockne die Knusper-Crossies über Nacht in einem kühlen, trockenen Raum (z. B. im Keller oder Flur).

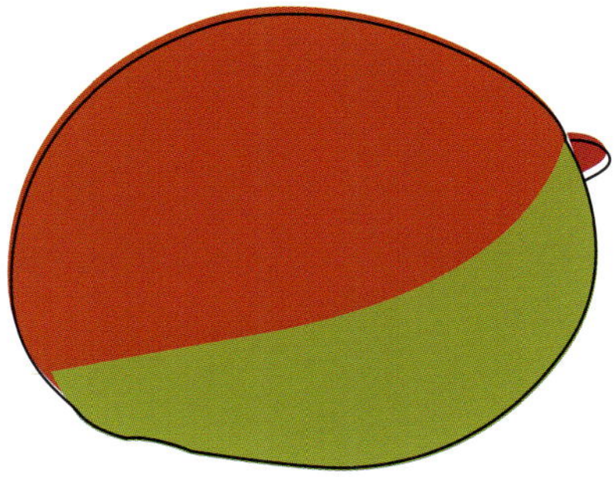

TIPPS: Besonders hübsch sieht es aus, wenn die Mango-Cornflakes-Masse portionsweise mit 2 Teelöffeln in kleine Pralinenförmchen gesetzt wird. Mit etwas geschmolzener Kuvertüre kannst du feine Streifen auf die Knusper-Crossies malen. Statt der Vollmilch-Kuvertüre schmeckt auch dunkle oder weiße Kuvertüre. Bei den Trockenobstsorten kannst du auf die Vorlieben deiner Gäste eingehen. Beliebte Kombinationen sind z. B. dunkle Kuvertüre mit getrockneten Äpfeln oder Pflaumen. Weiße Kuvertüre schmeckt lecker mit allen tropischen Früchten. Trockenobst immer in kleine Würfel schneiden. Wenn du magst, gib 1 Esslöffel gehackte Mandeln mit in die Masse. Bereite unterschiedliche Sorten Knusper-Crossies zu und verschenke sie bunt gemischt in einem Zellophanbeutel. Denk an ein kleines Schild, dass du an einem hübschen Bändchen befestigst.

BLÄTTERTEIG-BONBONS

12 STÜCK

ZUBEREITUNGSZEIT: 60 MINUTEN (OHNE AUFTAU-, ABKÜHL- UND TROCKENZEIT)
BACKZEIT: ETWA 20 MINUTEN JE BACKBLECH

FÜR TEIG UND FÜLLUNG:

1 Pck. TK-Blätterteig (450 g, 6 rechteckige Scheiben)
125 g Speisequark (20 % Fett)
1 Eigelb (Größe M)
2 EL Zucker

ZUM DEKORIEREN:

1 Eigelb (Größe M)
1 EL kaltes Wasser
1–2 EL bunte Zuckerperlen
24 bunte Fruchtgummi-Schnüre (etwa 60 g)
60 g Puderzucker
1 1/2–2 1/2 EL Zitronensaft
2 EL Dessert-Schmuck

AUSSERDEM:
etwas Mehl zum Ausrollen
2 Backbleche
etwas Fett
2 Bögen Backpapier

Tipps: Die Blätterteig-Bonbons sind außen knusprig und innen schön cremig. Die Füllung weicht den Blätterteig schnell durch, daher schmecken sie frisch am besten. Möchtest du Frucht- oder Cola-Schnecken für die Schleifen verwenden, roll sie sehr vorsichtig ab, sie reißen leicht.

1 Blätterteigplatten nebeneinanderlegen. Nach Packungsanleitung auftauen lassen, dabei evtl. vorhandene Trennblätter entfernen.

2 Für die Füllung in der Zwischenzeit den Quark in eine kleine Schüssel geben. Eigelb (siehe Ratgeber S. 92/93 → Eierprobe) und Zucker hinzufügen, alles mit einem Schneebesen gut verrühren.

3 Die Backbleche leicht einfetten (so rutscht das Backpapier nicht weg) und mit Backpapier belegen.

4 Den Backofen vorheizen. Ober-/Unterhitze: etwa 200 °C, Heißluft: etwa 180 °C.

5 Die Blätterteigscheiben halbieren, sodass 12 Quadrate (je etwa 10 x 10 cm) entstehen. Blätterteigquadrate auf einer leicht mit Mehl bestäubten Arbeitsfläche zu Rechtecken (je etwa 10 x 15 cm) ausrollen. Dabei nicht kneten, da dann die feinen Schichten zerstört werden würden.

6 In die Mitte eines jeden Teigrechtecks etwa 1 Teelöffel von der Quarkmasse geben und etwas verstreichen. Den Teig von der längeren Seite her fest aufrollen, dabei die Nahtstelle vorsichtig festdrücken (damit die Quarkfüllung nicht ausläuft). Die Teigenden wie Bonbonpapier zusammendrehen und mit der Teignaht nach unten mit etwas Abstand (6 Bonbons je Backblech) auf das Backpapier legen.

7 Zum Dekorieren Eigelb (siehe Ratgeber S. 92/93 → Eierprobe) mit Wasser in einer Tasse gut verrühren. 6 Blätterteig-Bonbons mithilfe eines Backpinsels damit bestreichen und mit den Zuckerperlen bestreuen (evtl. leicht andrücken).

8 Die Backbleche nacheinander in den vorgeheizten Backofen schieben. Die Blätterteig-Bonbons etwa 20 Minuten je Backblech backen. Möchtest du mit Heißluft backen, kannst du beide Backbleche zusammen in den Backofen schieben. Dann backen alle Bonbons zusammen etwa 20 Minuten.

9 Die Backbleche aus dem Backofen nehmen. Achtung: sehr heiß, Topflappen verwenden! Das Backpapier mit den Blätterteig-Bonbons auf einen Kuchenrost ziehen und erkalten lassen.

10 Den Puderzucker mit so viel Zitronensaft verrühren, dass ein dickflüssiger Guss entsteht. Den Zuckerguss auf die Bonbons ohne Zuckerperlen streichen. Danach sofort den Dessert-Schmuck daraufstreuen. Den Zuckerguss trocknen lassen. Die Gummischnüre an den zusammengedrehten Enden aller Blätterteig-Bonbons zu kleinen Schleifen binden.

ROCKY-ROAD-TRIANGLES

32 STÜCK

ZUBEREITUNGSZEIT: 45 MINUTEN (OHNE KÜHLZEIT)

1. Für den Boden Butter zerlassen und abkühlen lassen. Kekse in einen Gefrierbeutel geben, Beutel verschließen und Kekse mit einer Teigrolle fein zerbröseln (siehe kleines Foto „Cheesecake im Glas", S. 12/13).

2. Das Backblech oder das Tablett leicht einfetten (so rutscht das Backpapier nicht weg) und mit Backpapier belegen. Einen Backrahmen (etwa 24 x 24 cm) daraufstellen.

3. Zerlassene Butter und Keksbrösel in einer Schüssel gut vermischen. Butter-Keks-Brösel in den Backrahmen geben und mit einem Löffel zu einem Boden andrücken. Den Keksboden in den Kühlschrank stellen und fest werden lassen.

4. Für den Belag Kuvertüre grob zerkleinern und im heißen Wasserbad bei schwacher Hitze unter Rühren schmelzen (siehe Ratgeber S. 92/93 → Wasserbad). Kokosraspel, Erdnusskerne und Marshmallows zu der etwas abgekühlten, noch flüssigen Kuvertüre geben und gut vermengen. Die Masse auf den Bröselboden geben und mit einem Löffel gleichmäßig verteilen. Das Backblech oder Tablett wieder in den Kühlschrank stellen und die Masse fest werden lassen.

5. In der Zwischenzeit zum Dekorieren weiße Kuvertüre grob hacken, in einem kleinen Topf im heißen Wasserbad bei schwacher Hitze unter Rühren schmelzen und etwas abkühlen lassen. Geschmolzene Kuvertüre mit einem kleinen Löffel auf der Marshmallow-Füllung verteilen, ebenfalls fest werden lassen.

6. Das Gebäck mit einem scharfen Messer vom Backrahmenrand lösen. Backrahmen und Backpapier entfernen und Gebäck zunächst in Quadrate (etwa 6 x 6 cm), dann in Dreiecke schneiden.

TIPPS: Die Rocky-Road-Triangles sehen, in eine Zellophantüte oder eine hübsche Schachtel geschichtet, superschön aus. Achte beim Verschenken darauf, dass sie nicht warm werden, da die Schokolade schnell schmilzt. Statt das Gebäck mit der weißen Kuvertüre zu besprenkeln, kannst du einfach bunte Zuckerstreusel oder Glitzerzucker daraufstreuen.

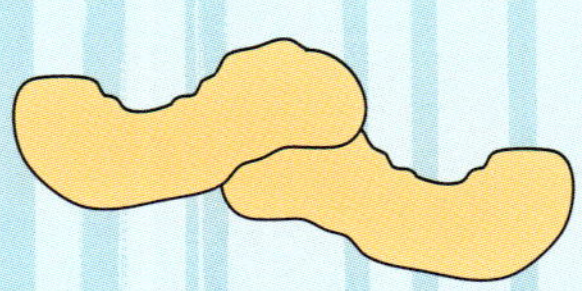

GUT GEGEN LIEBESKUMMER

FÜR DEN BODEN:
150 g Butter
250 g dunkle Schokoladenkekse

FÜR DEN BELAG:
400 g Kuvertüre (Vollmilch)
30 g Kokosraspel
50 g geröstete,
ungesalzene Erdnusskerne
280 g kleine Marshmallows

ZUM DEKORIEREN:
200 g Kuvertüre (weiß)

USSERDEM:
Backblech oder 1 Tablett
twa 30 x 30 cm,
ll in den Kühlschrank passen)
was Fett
Bogen Backpapier
ackrahmen

DOPPELT LECKER

DOPPEL-DECKER

BUTTER-COOKIES MIT ERDBEERQUARK

18 STÜCK

ZUBEREITUNGSZEIT: 20 MINUTEN

FÜR DIE FÜLLUNG:
250 g Erdbeerquark (3,8 % Fett)
1 Beutel (15 g) Dr. Oetker Gelatine fix
200 g Butter-Cookies mit Waffelmuster (Fertigprodukt, aus dem Keksregal)

1. Für die Füllung Quark in einen hohen Rührbecher geben und mit Gelatine fix nach Packungsanleitung mit einem Mixer (Rührstäbe) zunächst auf mittlerer, dann auf höchster Stufe etwa 1 Minute verrühren.

2. Von der Quarkmasse jeweils etwa 1 gehäuften Teelöffel auf einen Butter-Cookie geben. Die Quarkmasse mit einem Messer darauf verstreichen und mit einem weiteren Butter-Cookie zusammensetzen.

3. Restliche Füllung und Cookies auf die gleiche Weise verarbeiten, bis alle Zutaten aufgebraucht sind. Butter-Cookies auf eine Tortenplatte legen. Gefüllte Butter-Cookies im Kühlschrank fest werden lassen.

Tipps: Die Quarkmasse geliert recht schnell, daher die Masse beim Bestreichen ab und zu mit einem Schneebesen oder einem Löffel umrühren. Die gefüllten Cookies möglichst am gleichen Tag verzehren, da sie sonst durchweichen. Willst du nur einige Cookies füllen, kannst du die aufgeschlagene Quarkmasse zugedeckt bis zum nächsten Tag in den Kühlschrank stellen. Nach Belieben kannst du auch anderes ungefülltes Gebäck auf die Schnelle füllen, wie z. B. Mini-Muffins oder Madeleines. Du kannst die Cookies bunt dekorieren. Einfach die Deko mit etwas Zuckerschrift befestigen. Oder du tauchst abgespülte und trocken getupfte Erdbeeren (mit dem Grün) in etwas geschmolzene Kuvertüre, lässt sie gut abtropfen und legst auf jeden Cookie eine Schoko-Erdbeere. Kuvertüre dann trocknen lassen.

ESPRESSO WHOOPIES
18 STÜCK

ZUBEREITUNGSZEIT: 50 MINUTEN (OHNE ABKÜHLZEIT) · BACKZEIT: ETWA 12 MINUTEN JE BACKBLECH

FÜR DEN TEIG

1 Ei (Größe M)
1 Eigelb (Größe M)
50 g Zucker
2 Pck. Dr. Oetker Vanillin-Zucker
2 gestr. TL lösliches Espressopulver
50 g Weizenmehl
20 g Speisestärke

ZUM BESTÄUBEN:

lösliches Espressopulver

FÜR DIE FÜLLUNG:

100 g weiße Schokolade
30 g Butter

AUSSERDEM:

2 Backbleche
etwas Fett
2 Bögen Backpapier

1 Für den Teig Ei und Eigelb (siehe Ratgeber S. 92/93 → Eierprobe) mit einem Mixer (Rührstäbe) auf höchster Stufe in 1 Minute schaumig schlagen. Zucker mit Vanillin-Zucker und Espressopulver mischen, in 1 Minute einstreuen und noch etwa 2 Minuten schlagen. Mehl mit Speisestärke mischen, auf die Eiercreme geben und kurz auf niedrigster Stufe unterrühren.

2 Den Backofen vorheizen. Ober-/Unterhitze: etwa 180 °C, Heißluft: etwa 160 °C.

3 Die Backbleche leicht einfetten (so rutscht das Backpapier nicht weg) und mit Backpapier belegen. Den Teig mit 2 Teelöffeln in kleinen Häufchen auf dem Backpapier mit etwas Abstand verteilen. Etwas Espressopulver in ein feines Sieb geben und die Teighäufchen damit bestäuben.

4 Die Backbleche nacheinander in den vorgeheizten Backofen schieben. Die Espresso-Kekse etwa 12 Minuten je Backblech backen. Möchtest du mit Heißluft backen, kannst du beide Backbleche zusammen in den Backofen schieben. Dann backen alle Espresso-Kekse zusammen etwa 12 Minuten.

5 In der Zwischenzeit für die Füllung Schokolade in Stücke brechen und mit Butter in einem kleinen Topf im heißen Wasserbad bei schwacher Hitze unter Rühren schmelzen (siehe Ratgeber S. 92/93 → Wasserbad). Masse zunächst abkühlen lassen. Dann im Kühlschrank vollständig erkalten lassen.

6 Backbleche aus dem Backofen nehmen. Achtung: sehr heiß, Topflappen verwenden! Backpapier auf Kuchenroste ziehen und die Kekse abkühlen lassen.

7 Die Schokoladenmasse mit einem Mixer (Rührstäbe) kurz aufschlagen. Jeweils einen Espresso-Keks mit etwas Schokoladencreme bestreichen. Mit einem zweiten Keks zu einem Whoopie zusammensetzen.

Tipp: Bei diesem Rezept bleibt 1 Eiweiß übrig. Eiweiß hält gut zugedeckt im Kühlschrank etwa 1 Tag und kann z. B. mit 2–3 weiteren Eiern zu Rührei verarbeitet werden.

HAFER-WHOOPIES MIT FRISCHKÄSEFÜLLUNG

24 STÜCK

ZUBEREITUNGSZEIT: 90 MINUTEN
BACKZEIT: 18 MINUTEN JE BACKBLECH

FÜR DEN RÜHRTEIG:

125 g Butter oder Margarine (zimmerwarm)
100 g brauner Zucker
1 Pck. Dr. Oetker Vanillin-Zucker
1 Prise Salz
1 Pck. Dr. Oetker Finesse Orangenschalen-Aroma
1 Ei (Größe M)
125 g Weizenmehl
1 gestr. TL Dr. Oetker Backin
100 g zarte Haferflocken
100 ml Milch (1,5 % Fett)

ZUM DEKORIEREN:

100 g Puderzucker
etwa 2 EL Zitronensaft
Zuckerschrift (rot, grün, gelb, braun)

FÜR DIE FÜLLUNG:

150 g Doppelrahm-Frischkäse
1 TL flüssiger Honig
150 g Schlagsahne (mind. 30 % Fett)
1 Pck. Dr. Oetker Bourbon-Vanille-Zucker

AUSSERDEM:

2 Backbleche
etwas Fett
2 Bögen Backpapier

Tipps: Du kannst die Creme in einen Spritzbeutel oder einen Gefrierbeutel (Spitze abschneiden) füllen und aufspritzen. Die Hafer-Whoopies schmecken am besten ganz frisch. Möchtest du sie verschenken, backe und dekoriere die Kekse am Vortag. Die Creme am nächsten Tag frisch zubereiten. Kekse füllen und zusammensetzen.

1. Den Backofen vorheizen. Ober-/Unterhitze: etwa 180 °C, Heißluft: etwa 160 °C.
2. Für den Teig Butter oder Margarine in einer Rührschüssel mit einem Mixer (Rührstäbe) auf höchster Stufe geschmeidig rühren. Nach und nach Zucker, Vanillin-Zucker, Salz und Aroma unterrühren. So lange rühren, bis eine glatte Masse (gebundene Masse) entstanden ist. Das Ei unterrühren (etwa ½ Minute, siehe Ratgeber S. 92/93 → Eierprobe). Mehl mit Backpulver mischen und auf mittlerer Stufe kurz unterrühren. Haferflocken und Milch dazugeben und beides ebenfalls kurz unterrühren.
3. Die Backbleche leicht einfetten (so rutscht das Backpapier nicht weg) und mit Backpapier belegen. Auf jedes Backblech von dem Teig mithilfe von 2 Teelöffeln 24 walnussgroße, möglichst runde Häufchen mit etwas Abstand setzen.
4. Die Backbleche nacheinander in den vorgeheizten Backofen schieben. Die Haferkekse etwa 18 Minuten je Backblech backen. Möchtest du mit Heißluft backen, kannst du beide Backbleche zusammen in den Backofen schieben. Dann backen alle Haferkekse zusammen etwa 18 Minuten.
5. Backbleche aus dem Backofen nehmen. Achtung: sehr heiß, Topflappen verwenden! Das Backpapier mit den Haferkeksen von den Backblechen auf Kuchenroste ziehen und abkühlen lassen.
6. Zum Dekorieren Puderzucker in eine kleine Schale geben. Zitronensaft tropfenweise dazugeben und zu einem dickflüssigen Guss verarbeiten.
7. 12 Kekse auf der Oberseite mit dem Guss bestreichen. 12 weitere Kekse mit Zuckerschrift dekorieren. Zuckerguss und -schrift gut trocknen lassen.
8. In der Zwischenzeit für die Füllung Frischkäse mit Honig in eine Schüssel geben und mit einem Schneebesen glatt rühren. Sahne in einem Rührbecher mit einem Mixer (Rührbesen) steif schlagen. Dabei Vanille-Zucker unterrühren. Die steif geschlagene Sahne mit einem Teigschaber in 2–3 Portionen vorsichtig unter die Frischkäsemasse heben.
9. Die Creme mithilfe eines Messers auf der glatten Seite der 24 undekorierten Kekse verstreichen. Dann mit den dekorierten Keksen belegen, dabei vorsichtig andrücken.
10. Hafer-Whoopies mit Frischkäsecreme sofort servieren, da sie schnell durchweichen.

GEFÜLLTE ORANGENKEKSE

50 STÜCK

ZUBEREITUNGSZEIT: 40 MINUTEN, (OHNE KÜHLZEIT) · BACKZEIT: 8–10 MINUTEN JE BACKBLECH

1 Zum Vorbereiten die Eier trennen (siehe Ratgeber S. 92/93 → Eierprobe). Eigelb beiseitestellen. Eiweiß anderweitig verwenden (siehe Tipp).

2 Für den Teig Mehl in eine Rührschüssel geben. Restliche Zutaten und das beiseitegestellte Eigelb hinzufügen, mit einem Mixer (Knethaken) zunächst auf niedrigster, dann auf höchster Stufe gut durcharbeiten. Anschließend auf eine leicht mit Mehl bestäubte Arbeitsfläche geben und zu einem glatten Teig verkneten. Aus dem Teig 2 Rollen (je etwa 25 cm lang) formen. Teigrollen in Frischhaltefolie wickeln und mindestens 1 Stunde in den Kühlschrank legen.

3 Die Backbleche leicht einfetten (so rutscht das Backpapier nicht weg) und mit Backpapier belegen.

4 Den Backofen vorheizen. Ober-/Unterhitze: etwa 180 °C, Heißluft: etwa 160 °C.

5 Eine Teigrolle aus dem Kühlschrank nehmen und in ½ cm dicke Scheiben schneiden. Teigrolle beim Schneiden immer wieder drehen, damit die Scheiben gleichmäßig rund werden. Die Teigscheiben auf Backbleche legen. Dann die andere Teigrolle ebenso verarbeiten.

6 Die Backbleche nacheinander in den vorgeheizten Backofen schieben. Die Orangenkeks-Scheiben 8–10 Minuten je Backblech backen. Möchtest du mit Heißluft backen, kannst du beide Backbleche zusammen in den Backofen schieben. Dann backen alle Orangenkeks-Scheiben zusammen 8–10 Minuten.

7 Die Backbleche aus dem Backofen nehmen und auf Kuchenroste stellen. Achtung: sehr heiß, Topflappen verwenden! Lass die Kekse etwa 5 Minuten auf den Backblechen abkühlen. Anschließend das Backpapier von den Backblechen auf die Kuchenroste ziehen und die Orangenkekse abkühlen lassen.

8 Für die Füllung Marmelade in einem kleinen Topf unter Rühren aufkochen. Auf die Hälfte der Kekse jeweils 1 Klecks Marmelade geben. Einen zweiten Keks daraufgeben und leicht andrücken. Gefüllte Orangenkekse auf einem Kuchenrost fest werden lassen.

TIPPS: Es bleiben 2 Eiweiß übrig. Eiweiß hält gut zugedeckt im Kühlschrank etwa 1 Tag und kann z. B. mit 2–3 weiteren Eiern zu Rührei verarbeitet werden. • Mit Zuckerschrift oder etwas Zuckerguss kannst du kleine Gelee-Orangen als Deko auf den Keksen befestigen.

ZUM VORBEREITEN:
2 Eier (Größe M)

FÜR DEN KNETTEIG:
300 g Weizenmehl
30 g Speisestärke
100 g Zucker
1 Pck. Dr. Oetker Finesse Orangenschalen-Aroma
200 g Butter oder Margarine (zimmerwarm)
2 EL kaltes Wasser

FÜR DIE FÜLLUNG:
6 EL Orangenmarmelade ohne Schalenstückchen

AUSSERDEM:
2 Backbleche
etwas Fett
2 Bögen Backpapier

ORANGEN-WHOOPIES MIT HIMBEER- UND KOKOSFÜLLUNG

34 STÜCK

ZUBEREITUNGSZEIT: 25 MINUTEN

ZUM VORBEREITEN:
20 g Kokosraspel

FÜR DIE FÜLLUNG:
50 g Butter oder Margarine (zimmerwarm)
100 g Joghurt-Frischkäse (12 % Fett)
25 g Puderzucker
1 Pck. Dr. Oetker Bourbon-Vanille-Zucker
1 EL Himbeergelee (etwa 20 g)

125 g runde Biskuitplätzchen mit Orangengeschmack

AUSSERDEM:
1 Backblech oder großes Tablett, soll in den Kühlschrank passen
1 Bogen Backpapier

1 Zum Vorbereiten Kokosraspel in einer kleinen Pfanne ohne Fett unter Rühren leicht anrösten. Kokosraspel auf einen Teller geben und abkühlen lassen. Das Backblech oder das Tablett mit dem Backpapier belegen.

2 Inzwischen für die Füllung Butter oder Margarine, Frischkäse, Puderzucker und Vanille-Zucker in eine Rührschüssel geben und mit einem Mixer (Rührstäbe) auf mittlerer Stufe zu einer glatten Creme rühren. Creme halbieren. Eine Hälfte der Creme in eine andere Schüssel geben.

3 Für die Himbeer-Frischkäse-Creme das Himbeergelee mit einer Gabel glatt rühren, dann mit einem Schneebesen unter die eine Hälfte der Creme rühren. Für die Kokos-Frischkäse-Creme die Hälfte der Kokosraspel unter die andere Hälfte der Creme rühren.

4 Ein Viertel der Biskuit-Plätzchen (etwa 17 Stück) mit einem Messer mit der Himbeer-Frischkäse-Creme bestreichen. Mit je 1 Biskuit-Plätzchen zu einem kleinen Whoopie zusammensetzen. Ein weiteres Viertel der Plätzchen mit der Kokos-Frischkäse-Creme bestreichen und ebenfalls mit einem weiteren Plätzchen zu einem Whoopie zusammensetzen.

5 Den Rand der zusammengesetzten Whoopies in den restlichen Kokosraspeln wälzen. Orangen-Whoopies auf dem Backpapier bis zum Verzehr in den Kühlschrank stellen.

Tipps: Diese Whoopies sind schnell gemacht. Sie sollten nicht vorbereitet werden, da sie schnell durchweichen. Die Creme und die Kokosraspel können schon am Vortag zubereitet werden. Whoopies kurz vor dem Servieren zusammensetzen. Statt Himbeergelee schmecken auch andere Fruchtsorten, z. B. Pfirsich oder Mango. Es eignen sich sowohl Gelees als auch samtige Fruchtaufstriche.

SCHOKO-WHOOPIES MIT ERDNUSSCREME

30 STÜCK

ZUBEREITUNGSZEIT:
75 MINUTEN (OHNE ABKÜHLZEIT)
BACKZEIT:
ETWA 13 MINUTEN JE BACKBLECH

FÜR DEN RÜHRTEIG:
125 g Butter oder Margarine (zimmerwarm)
150 g brauner Zucker
1 Pck. Dr. Oetker-Vanillin-Zucker
1 Prise Salz
1 Ei (Größe L)
150 g Weizenmehl
50 g Speisestärke
2 geh. EL Kakao zum Backen (etwa 40 g)
1 gestr. TL Dr. Oetker Backin
150 ml Milch (1,5 % Fett)

FÜR DIE FÜLLUNG:
50 g Butter oder Margarine (zimmerwarm)
200 g Erdnusscreme (creamy)
50 g Puderzucker

ZUM DEKORIEREN:
125 g Kuchenglasur (hell)
2–3 EL Erdnusskerne (ungesalzen, geröstet)
2–3 EL gehobelte Mandeln
Schokoperlen

AUSSERDEM:
3 Backbleche
etwas Fett
3 Bögen Backpapier

SÜNDHAFT GUT

1 Auf jeden Bogen Backpapier 20 Kreise (Ø etwa 4 cm) mit gleichmäßigem Abstand aufzeichnen. Die Backbleche leicht einfetten (so rutscht das Backpapier nicht weg) und mit dem Backpapier belegen. Dabei die unbemalte Seite nach oben legen.

2 Den Backofen vorheizen. Ober-/Unterhitze: etwa 200 °C, Heißluft: etwa 180 °C.

3 Für den Teig Butter oder Margarine in einer Rührschüssel mit einem Mixer (Rührstäbe) auf höchster Stufe geschmeidig rühren. Nach und nach Zucker, Vanillin-Zucker und Salz unterrühren. So lange rühren, bis sich alle Zutaten gut miteinander verbunden haben und eine glatte Masse (gebundene Masse) entstanden ist. Das Ei unterrühren (etwa ½ Minute, siehe Ratgeber S. 92/93 → Eierprobe). Mehl mit Speisestärke, Kakao und Backpulver mischen, auf mittlerer Stufe kurz unterrühren. Milch unterrühren, sodass ein weicher Teig entsteht.

4 Auf jedes Backblech von dem Teig mithilfe von 2 Teelöffeln 20 gleich große, möglichst runde Häufchen in die Mitte der vorgezeichneten Kreise geben und in Größe der Kreise mithilfe eines Messers sorgfältig verstreichen.

5 Die Backbleche nacheinander in den vorgeheizten Backofen schieben. Die Kekse etwa 13 Minuten je Backblech backen. Möchtest du mit Heißluft backen, kannst du die Backbleche zusammen in den Backofen schieben (Herstellerangabe beachten). Dann backen die Kekse zusammen etwa 13 Minuten.

6 Backbleche aus dem Backofen nehmen. Achtung: sehr heiß, Topflappen verwenden. Kekse mit dem Backpapier auf Kuchenroste ziehen und erkalten lassen.

7 Für die Füllung Butter oder Margarine mit Erdnusscreme in einem Rührbecher mit dem Mixer (Rührstäbe) auf höchster Stufe geschmeidig rühren. Nach und nach Puderzucker unterrühren. Jeweils etwa 1 Teelöffel der Creme auf die glatte Seite eines Kekses streichen. Mit einem weiteren Keks zu einem Whoopie zusammensetzen. Whoopies auf eine Platte legen und einige Minuten in den Kühlschrank stellen, damit die Füllung fest wird.

8 Zum Dekorieren Kuchenglasur nach Packungsanleitung erwärmen. Whoopies mit Kuchenglasur bestreichen. Den noch feuchten Guss mit Erdnusskernen, Mandeln und/oder Schokoperlen belegen und trocknen lassen.

HIMBEER-JOGHURT-WHOOPIES

18 STÜCK

ZUBEREITUNGSZEIT: 45 MINUTEN (OHNE ABKÜHL- UND TROCKENZEIT)
BACKZEIT: ETWA 14 MINUTEN JE BACKBLECH

AUSSERDEM:
3 Backbleche
etwas Fett
3 Bögen Backpapier

ZUM VORBEREITEN FÜR DIE FÜLLUNG:
100 g TK-Himbeeren

FÜR DEN RÜHRTEIG:
80 g Butter oder Margarine (zimmerwarm), 150 g Zucker, 1 Pck. Dr. Oetker Bourbon-Vanille-Zucker,
1 Prise Salz, 1 Ei (Größe M), 200 g Weizenmehl, 1 gestr. TL Dr. Oetker Backin, 150 g Buttermilch

FÜR DIE FÜLLUNG:
3 Blatt weiße Gelatine, 150 g Schlagsahne (mind. 30 % Fett), 125 g Joghurt (3,5 % Fett),
25 g Puderzucker, 1 TL Zitronensaft

ZUM DEKORIEREN:
150 g Puderzucker, etwa 2 TL Zitronensaft, 1–2 Tropfen rote Speisefarbe, Zuckerschrift (braun)

1 Zum Vorbereiten für die Füllung TK-Himbeeren nach Packungsanleitung auftauen lassen.

2 Auf jeden Bogen Backpapier mit einem Bleistift 12 Kreise (Ø etwa 4 cm) mit gleichmäßigem Abstand aufzeichnen. Die Backbleche leicht einfetten (so rutscht das Backpapier nicht weg) und mit dem Backpapier belegen. Dabei die unbemalte Seite nach oben legen.

3 Den Backofen vorheizen. Ober-/Unterhitze: etwa 200 °C, Heißluft: etwa 180 °C.

4 Für den Teig Butter oder Margarine in einer Rührschüssel mit einem Mixer (Rührstäbe) auf höchster Stufe geschmeidig rühren. Nach und nach Zucker, Vanille-Zucker und Salz unterrühren. So lange rühren, bis sich alle Zutaten gut miteinander verbunden haben und eine glatte Masse (gebundene Masse) entstanden ist. Das Ei unterrühren (etwa ½ Minute, siehe Ratgeber S. 92/93 → Eierprobe). Mehl mit Backpulver vermischen und auf mittlerer Stufe unterrühren. Anschließend die Buttermilch kurz unterrühren, sodass ein weicher, streichfähiger Teig entsteht.

5 Auf jedes Backblech vom Teig mit 2 Teelöffeln 12 gleich große, runde Häufchen in die Mitte der aufgezeichneten Kreise geben und in Größe der Kreise mithilfe eines Messers sorgfältig verstreichen. Die Backbleche nacheinander in den vorgeheizten Backofen schieben. Die Kekse etwa 14 Minuten je Backblech backen. Möchtest du mit Heißluft backen, kannst du die Backbleche zusammen in den Backofen schieben (Herstellerangabe beachten). Dann backen die Kekse zusammen etwa 14 Minuten.

6 Backbleche aus dem Backofen nehmen. Achtung: sehr heiß, Topflappen verwenden! Backpapier auf Kuchenroste ziehen und die Kekse erkalten lassen.

7 In der Zwischenzeit für die Füllung Himbeeren mit einem Löffel durch ein feines Haarsieb streichen. Etwa 65 g vom Himbeermark abwiegen und beiseitestellen. Gelatine nach Packungsanleitung einweichen. Die Sahne steif schlagen.

8 Joghurt mit beiseitegestelltem Himbeermark, Puderzucker und Zitronensaft zu einer geschmeidigen Masse verrühren. Gelatine leicht ausdrücken und in einem kleinen Topf bei schwacher Hitze unter Rühren auflösen, dabei darauf achten, dass sie nicht kocht. Gelatine zunächst mit 4 Esslöffeln von der Joghurtmasse verrühren, dann unter die restliche Joghurtmasse rühren. Sahne kurz mit dem Mixer (Rührstäbe) unterrühren. Jeweils etwas Joghurt-Sahne-Creme auf die glatte Seite eines Kekses streichen. Mit einem weiteren Keks zu einem Whoopie zusammensetzen. Whoopies im Kühlschrank fest werden lassen.

9 Zum Dekorieren Puderzucker in eine kleine Schale geben. Zitronensaft und Speisefarbe tropfenweise dazugeben und zu einem dickflüssigen Guss verarbeiten. Guss trocknen lassen. Die Oberseite der Whoopies mit Zuckerschrift dekorieren.

VON CAKEPOPS BIS CUPCAKES

CAKEPOPS

8–10 STÜCK

ZUBEREITUNGSZEIT: 45 MINUTEN (OHNE KÜHLZEIT)

AUSSERDEM:
- 1 großer Gefrierbeutel
- 1 Bogen Backpapier
- 8–10 lange Holzspieße, z. B. Schaschlikspieße
- 1 Glas, mit Zucker gefüllt

FÜR DEN BRÖSELTEIG:
- 70 g Butter oder Margarine (zimmerwarm)
- 150 g Butterkekse
- 1 EL Himbeer- oder Aprikosenkonfitüre

FÜR DIE GLASUR:
- 125 g Kuchenglasur (Haselnuss)

ZUM DEKORIEREN: (für je 2 Cakepops)
- 1 EL Schokostreusel
- 1 EL Krokantstreusel
- 1 EL bunte Zuckerstreusel
- 1 EL Schokoperlen
- 1 EL Kokosraspel

KUGELRUNDER KNUSPERSPASS

1 Für den Bröselteig Butter oder Margarine in einem kleinen Topf zerlassen. Anschließend etwas abkühlen lassen. Die Butterkekse in einen großen Gefrierbeutel geben. Den Beutel fest verschließen und die Butterkekse mit einer Teigrolle fein zerbröseln (siehe kleines Foto „Cheesecake im Glas" S. 12/13).

2 Die Brösel in eine Schüssel geben. Abgekühlte, zerlassene Butter oder Margarine und Konfitüre hinzufügen. Die Zutaten gut miteinander verrühren. Mit den Händen kurz durchkneten, bis ein glatter und formbarer Teig entstanden ist. Den Teig etwa 30 Minuten in den Kühlschrank stellen.

3 Bröselteig in 8–10 gleich große Portionen teilen. Jede Portion mit den Händen zu einer Kugel (Ø etwa 4 cm) formen. Die Kekskugeln auf einen Teller (mit Backpapier belegt) legen und bis zur Weiterverarbeitung in den Kühlschrank stellen.

4 Kuchenglasur nach Packungsanleitung erwärmen und in eine Tasse füllen. Kekskugeln aus dem Kühlschrank nehmen. Jeweils einen Holzspieß 2–3 cm tief in die flüssige Glasur eintauchen. Dann sehr vorsichtig genau so tief in die fertig geformte Kekskugel stecken. Kekskugeln nochmals in den Kühlschrank stellen (etwa 30 Minuten) oder in die Gefriertruhe legen (etwa 15 Minuten). Achtung: So wird die Glasur am Spieß fest und verklebt mit der Kekskugel. Das verhindert, dass der Teig beim Tauchen in die Glasur verrutscht oder abfällt.

5 In der Zwischenzeit die Streusel, Schokoperlen und Kokosraspel, getrennt nach Sorten, in kleinen Schälchen verteilen.

6 Kuchenglasur nochmals erwärmen und in eine Tasse geben. Nacheinander die Kekskugeln in die Kuchenglasur eintauchen, drehen und anschließend abtropfen lassen. Du kannst auch mit einem Teelöffel die Glasur über die Kekskugel laufen lassen. Die noch feuchten Schoko-Kugeln portionsweise von allen Seiten in Streuseln wälzen und zum Trocknen in ein mit Zucker gefülltes Glas stecken (siehe kleines Foto).

Tipp: Das Gelingen der Cakepops hängt von dem genauen Mischungsverhältnis ab. Achte darauf, genau 150 g Butterkekse zu verwenden.

KEKS-LOLLIES

30 STÜCK

ZUBEREITUNGSZEIT: 35 MINUTEN (OHNE KÜHL- UND TROCKENZEIT)
BACKZEIT: 10–15 MINUTEN JE BACKBLECH

ZUM VORBEREITEN:
100 g Zartbitter-Schokolade (mind. 50 % Kakao)

FÜR DEN KNETTEIG:
100 g Butter (zimmerwarm)
120 g Zucker
1 Prise Salz
1 Pck. Dr. Oetker Bourbon-Vanille-Zucker
1 Ei (Größe M)
250 g Weizenmehl
1/2 gestr. TL Dr. Oetker Backin

ZUM BESTREICHEN:
etwas Milch

ZUM DEKORIEREN:
100 g weiße Schokolade

AUSSERDEM:
3 Backbleche
3 Bögen Backpapier
30 Holzstäbchen

1 Zum Vorbereiten die Schokolade in Stücke brechen. Schokoladenstücke in einem kleinen Topf im heißen Wasserbad bei schwacher Hitze (siehe Ratgeber S. 92/93 → Wasserbad) unter Rühren schmelzen. Schokolade lauwarm abkühlen lassen.

2 Für den Teig Butter mit einem Mixer (Rührstäbe) geschmeidig rühren. Nach und nach Zucker, Salz und Vanille-Zucker unterrühren. Nacheinander das Ei (siehe Ratgeber S. 92/93 → Eierprobe) und die lauwarme Schokoladenmasse unterrühren.

3 Mehl mit Backpulver mischen. Etwa die Hälfte davon mit dem Mixer (Rührstäbe) unter die Teigmasse rühren. Restliches Mehlgemisch mit den Händen unterkneten. Die Masse auf die leicht mit Mehl bestäubte Arbeitsfläche geben und kurz zu einem glatten Teig verkneten. Den Teig in 2 Portionen teilen, etwas flach drücken und jeweils in Frischhaltefolie wickeln. Teig 1 Stunde in den Kühlschrank legen.

4 Den Backofen vorheizen. Ober-/Unterhitze: etwa 180 °C, Heißluft: etwa 160 °C.

5 Die Backbleche leicht einfetten (so rutscht das Backpapier nicht weg) und mit Backpapier belegen.

6 Jede Teighälfte zu einer Rolle (je etwa 15 cm lang) formen. Jede Rolle in 30 gleich dicke Scheiben schneiden. Die Hälfte der Scheiben, mit Abstand und versetzt, sodass die Holzstäbchen noch Platz haben, auf die Backbleche legen. Je eine Teigscheibe mit Milch bestreichen, je ein Holzstäbchen bis zum Mittelpunkt darauflegen, leicht andrücken und mit einer der restlichen Teigscheiben belegen, diese ebenfalls andrücken.

7 Die Backbleche nacheinander in den vorgeheizten Backofen schieben. Die Keks-Lollies 10–15 Minuten je Backblech backen. Möchtest du mit Heißluft backen, kannst du die Backbleche zusammen in den Backofen schieben (Herstellerangabe beachten). Dann backen alle Keks-Lollies zusammen 10–15 Minuten.

8 In der Zwischenzeit zum Dekorieren die weiße Schokolade hacken.

9 Backbleche aus dem Backofen nehmen. Achtung: sehr heiß, Topflappen verwenden! Die Backbleche auf Kuchenroste stellen. Auf die noch warmen Keks-Lollies die Schokoladenstücke streuen und mit einem kleinen Löffel vorsichtig festdrücken. Die Lollies sollen noch so warm sein, dass die Schokolade leicht schmilzt. Keks-Lollies vollständig erkalten lassen.

GUT VORZUBEREITEN

KNUSPRIGE HERZEN

30 STÜCK

ZUBEREITUNGSZEIT: 45 MINUTEN (OHNE KÜHL- UND TROCKENZEIT)
BACKZEIT: 10–15 MINUTEN JE BACKBLECH

AUSSERDEM:
30 Holzspatel oder -stäbchen
2 Backbleche
etwas Fett
2 Bögen Backpapier

FÜR DEN KNETTEIG:
300 g Weizenmehl, 1/2 TL Dr. Oetker Backin, 2 gestr. EL Zucker, 1 Prise Salz, 150 g Butter oder Margarine, 100 g saure Sahne (10 % Fett)

FÜR DIE FÜLLUNG:
200 g weiße Schokolade, 30 g rotes Johannisbeergelee, 2–3 Tropfen Zitronen-Aroma, 2 EL saure Sahne (10 % Fett)

ZUM DEKORIEREN:
150 g Puderzucker, 2–3 EL Zitronensaft, Speisefarbe (rot), 2 EL kleine Zuckerherzen

1. Für den Teig Mehl mit Backpulver in einer Rührschüssel mischen. Zucker, Salz, Butter oder Margarine und saure Sahne hinzufügen. Die Zutaten mit einem Mixer (Knethaken) zunächst kurz auf niedrigster, dann auf höchster Stufe gut durcharbeiten. Anschließend auf einer leicht mit Mehl bestäubten Arbeitsfläche zu einem glatten Teig verkneten. Den Teig halbieren und jeweils in Frischhaltefolie wickeln. Den Teig etwa 1 Stunde in den Kühlschrank legen.

2. Den Backofen vorheizen. Ober-/Unterhitze: etwa 200 °C, Heißluft: etwa 180 °C.

3. Die Backbleche leicht einfetten (so rutscht das Backpapier nicht weg) und mit Backpapier belegen.

4. Jeweils eine Teighälfte auf der leicht mit Mehl bestäubten Arbeitsfläche etwa 2 mm dick ausrollen. Mit einer Ausstechform Herzen (Ø etwa 7 cm) ausstechen und auf die Backbleche legen. Teigherzen mit einer Gabel mehrmals einstechen.

5. Die Backbleche nacheinander in den vorgeheizten Backofen schieben. Die Herzen 10–15 Minuten je Backblech backen. Möchtest du mit Heißluft backen, kannst du die Backbleche zusammen in den Backofen schieben (Herstellerangabe beachten). Dann backen alle Herzen zusammen 10–15 Minuten.

6. Backbleche aus dem Backofen nehmen. Achtung: sehr heiß, Topflappen verwenden! Die Gebäckherzen mit dem Backpapier auf Kuchenroste ziehen und erkalten lassen.

7. In der Zwischenzeit für die Füllung Schokolade in Stücke brechen, mit Gelee und Aroma in einem kleinen Topf im heißen Wasserbad bei schwacher Hitze (siehe Ratgeber S. 92/93 → Wasserbad) unter Rühren schmelzen. Saure Sahne unterrühren.

8. Jeweils 1 Gebäckherz dick mit der Füllung bestreichen. Je einen Holzspatel oder ein Holzstäbchen in die Füllung drücken, ein weiteres Herz darauflegen und andrücken. Restliche Herzen auf die gleiche Weise verarbeiten. Füllung fest werden lassen.

9. Zum Dekorieren Puderzucker in eine kleine Schale geben. Zitronensaft tropfenweise dazugeben und zu einem dickflüssigen Guss verrühren. Den Guss mit etwas Speisefarbe rot färben.

10. Den Guss mit einem Messer auf die Herzen streichen und mit Zuckerherzen garnieren. Guss trocknen lassen.

SCHOKOBANANEN

8 STÜCK

ZUBEREITUNGSZEIT: 30 MINUTEN (OHNE KÜHLZEIT)

1. Beide Sorten Kuchenglasur getrennt voneinander nach Packungsanleitung schmelzen. Kuchenglasur etwas abkühlen lassen, doch darauf achten, dass sie flüssig bleibt.
2. In der Zwischenzeit ein Tablett mit Backpapier belegen.
3. Die Bananen schälen. Große Bananen anschließend halbieren. Bananen oder Bananenhälften auf die Schaschlikspieße stecken. Dabei jeweils zwei Spieße in die Bananen stecken, damit sie guten Halt haben.
4. Nacheinander die Hälfte der Bananen rundum mithilfe eines Esslöffels mit dunkler, die andere Hälfte mit heller Kuchenglasur überziehen. Schokobananen abtropfen lassen und auf das Tablett legen. Tablett in den Kühlschrank stellen. Kuchenglasur fest werden lassen.
5. Kuvertüre im heißen Wasserbad bei schwacher Hitze (siehe Ratgeber S. 92/93 → Wasserbad) unter Rühren schmelzen. Dann in einen kleinen Gefrierbeutel füllen, den Beutel verschließen. Eine kleine Ecke abschneiden und die Bananen damit dekorieren. Kuvertüre fest werden lassen.

TIPPS: Sprenkel die weiße Kuvertüre mithilfe eines Teelöffels auf die Bananen. Wenn du möchtest, bestreue die noch feuchte Glasur mit Haselnuss-Krokant oder Zuckerstreuseln. Natürlich kannst du auch bunte Obst-Spieße zubereiten. Steck dafür unterschiedliches Obst auf die Schaschlikspieße. Beliebt sind Weintrauben oder Erdbeeren. Achte besonders bei den Erdbeeren darauf, dass die Kuchenglasur nur noch höchstens lauwarm ist, da die Erdbeeren sonst zu viel Saft verlieren.

FÜR DIE SPIESSE:
200 g Kuchenglasur (dunkel)
200 g Kuchenglasur (hell)
8 Mini-Bananen oder
4 mittelgroße Bananen
100 g Kuvertüre (weiß)

AUSSERDEM:
16 Holzspieße,
z. B. Schaschlikspieße
1 Tablett (soll in den Kühlschrank passen)
1 Bogen Backpapier

HIMBEER-KOKOS-CUPCAKES

12 STÜCK

ZUBEREITUNGSZEIT: 25 MINUTEN (OHNE ABKÜHLZEIT) · BACKZEIT: ETWA 25 MINUTEN

FÜR DEN TEIG:

170 g Weizenmehl
100 g Kokosraspel
3 gestr. TL Dr. Oetker Backin
1 Prise Salz
120 g Zucker
1 Pck. Dr. Oetker Vanillin-Zucker
200 g Buttermilch
70 ml Sonnenblumenöl
1 Ei (Größe M)
300 g TK-Himbeeren (unaufgetaut)

FÜR DEN BELAG:

150 g Mascarpone (ital. Frischkäse)
1 EL Buttermilch
50 g Himbeergelee

AUSSERDEM:

1 Muffinform
(für 12 Muffins)
12 Papierbackförmchen

BERRY MEETS COCOS ...

1. Den Backofen vorheizen. Ober-/Unterhitze: etwa 180 °C, Heißluft: etwa 160 °C.
2. Die Papierbackförmchen in die Muffinform legen.
3. Für den Teig Mehl, Kokosraspel, Backpulver, Salz, Zucker und Vanillin-Zucker in einer Rührschüssel mit einem Schneebesen verrühren. Buttermilch, Öl und Ei (siehe Ratgeber S. 92/93 → Eierprobe) in einem Rührbecher mit dem Schneebesen glatt rühren. Die Mischung zu der Mehl-Kokosraspel-Mischung in die Rührschüssel geben und zu einem glatten Teig verrühren. Die Hälfte der gefrorenen Himbeeren vorsichtig mit einem Löffel unterheben.
4. Den Teig in den Papierförmchen verteilen und glatt streichen. Die restlichen Himbeeren gleichmäßig darauf verteilen. Die Muffinform auf dem Rost in den vorgeheizten Backofen schieben. Himbeer-Kokos-Cakes etwa 25 Minuten backen.
5. Die Form auf einen Kuchenrost stellen. Achtung: sehr heiß, Topflappen verwenden! Cupcakes etwa 5 Minuten in der Form stehen lassen, dann vorsichtig mit dem Papier aus der Form nehmen und auf dem Kuchenrost erkalten lassen.
6. Für den Belag Mascarpone und Buttermilch mit dem Schneebesen glatt rühren. Himbeergelee zerteilen und unterrühren, sodass kleine Stücke erhalten bleiben. Die Mascarpone-Himbeer-Creme auf den Cupcakes verteilen.

WHITE CHOCOLATE MUFFINS – TITELREZEPT

Dafür 100 g weiße Schokolade fein hacken, in einen Rührbecher geben und mit 50 ml kochendem Wasser übergießen, kurz stehen lassen und glatt rühren.

150 g Weizenmehl mit 2 gestrichenen Teelöffeln Dr. Oetker Backin, 100 g Zucker und 50 g sehr fein gehackten Macadamia-Nusskernen (geröstet, gesalzen) in einer Rührschüssel mit einem Schneebesen verrühren. 50 g Joghurt (3,5 % Fett), 100 ml Sonnenblumenöl und 2 Eier (Größe M) zu der geschmolzenen Schokolade geben, mit dem Schneebesen verrühren. Die Joghurt-Schokoladen-Masse zu der Mehlmischung geben und zu einem glatten Teig verrühren.

Den Teig in eine Muffinform (für 12 Muffins, mit Papierbackförmchen ausgelegt) geben. Form auf dem Rost in den vorgeheizten Backofen (Ober-/Unterhitze: etwa 180 °C, Heißluft: etwa 160 °C) schieben. Muffins etwa 25 Minuten backen. Die Form auf einen Kuchenrost stellen. Achtung: sehr heiß, Topflappen verwenden! Muffins etwa 5 Minuten stehen lassen, dann aus der Form lösen und auf dem Kuchenrost erkalten lassen.

150 g weiße Kuvertüre im heißen Wasserbad bei schwacher Hitze schmelzen (siehe Ratgeber S. 92/93 → Wasserbad). Die Muffins damit bestreichen und mit 3–4 Esslöffeln Dekorperlen bestreuen. Kuvertüre trocknen lassen.

CAKES MIT KEKS

12 STÜCK

ZUBEREITUNGSZEIT: 35 MINUTEN (OHNE ABKÜHLZEIT) • BACKZEIT: ETWA 30 MINUTEN

ZUM VORBEREITEN:
12 Doppelkekse (Kakaogebäck mit Vanille-Cremefüllung)

FÜR DEN TEIG:
3 Eiweiß (Größe M)
1 Prise Salz
160 g Zucker
1 Pck. Dr. Oetker Vanillin-Zucker
3 Eigelb (Größe M)
160 g Butter oder Margarine (zimmerwarm)
100 g Weizenmehl
20 g Speisestärke
30 g Kakao zum Backen
1/2 gestr. TL Dr. Oetker Backin
1 Msp. Natron
70 ml (6 EL) Milch (1,5 % Fett)

FÜR DAS TOPPING:
30 g gesiebter Puderzucker
50 g Butter (zimmerwarm)
400 g Doppelrahm-Frischkäse

AUSSERDEM:
1 Muffinform (für 12 Muffins)
12 Papierbackförmchen
1 Spritzbeutel
1 große Sterntülle (12–15 mm)

1 Den Backofen vorheizen. Ober-/Unterhitze: etwa 160 °C, Heißluft: etwa 140 °C.

2 Die Papierbackförmchen in die Muffinform legen.

3 Zum Vorbereiten die gefüllten Kekse durch Drehen voneinander trennen, die weiße Füllung abschaben, in eine Schüssel geben und beiseitestellen. 16 der 24 schwarzen Kekshälften in kleine Stücke brechen (restliche Kekse für das Topping beiseitelegen).

4 Für den Teig Eiweiß (siehe Ratgeber S. 92/93 → Eierprobe) mit Salz in einen Rührbecher geben. Eiweiß steif schlagen. Eischnee 3 Minuten weiterschlagen, dabei nach und nach Zucker und Vanillin-Zucker einrieseln lassen.

5 In einer Rührschüssel Eigelb mit Butter oder Margarine mit einem Mixer (Rührstäbe) schaumig rühren. Zerkleinerte Kekse dazugeben. Mehl mit Speisestärke, Kakao, Backpulver und Natron mischen. Mehlgemisch und Milch abwechselnd unter die Buttermasse rühren. Eischnee in 2 Portionen kurz auf niedrigster Stufe unterrühren.

6 Den Teig in den Papierförmchen verteilen. Die Muffinform auf dem Rost in den vorgeheizten Backofen schieben. Die Cakes etwa 30 Minuten backen.

7 Die Form auf einen Kuchenrost stellen. Achtung: heiß, Topflappen verwenden! Cupcakes 5 Minuten abkühlen lassen. Dann vorsichtig mit dem Papier aus der Form lösen und auf dem Kuchenrost erkalten lassen.

8 Für das Topping die beiseitegestellte weiße Keks-Füllung mit Puderzucker und Butter cremig aufschlagen. Frischkäse kurz unterrühren.

9 Die Creme in einen Spritzbeutel mit Sterntülle füllen. Die Creme als Tupfen auf die Cupcakes spritzen. Restliche schwarze Kekse (8 Stück) grob zerbröseln und auf die Cupcakes streuen, evtl. leicht andrücken.

POPCORN CAKES

12 STÜCK

ZUBEREITUNGSZEIT: 50 MINUTEN (OHNE ABKÜHLZEIT)
BACKZEIT: 25–30 MINUTEN

FÜR DAS TOPPING:
50 g Popkornmais (oder fertiges Popkorn)
2 EL Sonnenblumenöl
20 g Kokosfett
100 g Zartbitter-Schokolade (etwa 50 % Kakao)
200 g Schlagsahne (mind. 30 % Fett)
1 TL Zucker
1 Pck. Sahnesteif

ZUM VORBEREITEN:
250 g abgetropfte Pfirsichhälften (aus der Dose)

FÜR DEN TEIG
150 g Butter oder Margarine (zimmerwarm)
120 g Zucker
2 EL Orangenmarmelade mit Stückchen
3 Eier (Größe M)
120 g Maismehl
80 g abgezogene, gem. Mandeln
1 1/2 gestr. TL Dr. Oetker Backin

ZUM BESTREICHEN:
60 ml Pfirsichsaft (aus der Dose)

TIPP: Die Cupcakes können vorgebacken werden. Das Sahne-Popcorn-Topping sollte frisch zubereitet werden, damit das Schokoladen-Popcorn gut auf der Sahne hält. Fertige Cupcakes innerhalb kurzer Zeit servieren, da das Popcorn schnell weich wird.

1 Zum Vorbereiten von den Pfirsichen den Saft auffangen und beiseitestellen. Die Pfirsichhälften in etwa 1 cm große Würfel schneiden.

2 Den Backofen vorheizen. Ober-/Unterhitze: etwa 180 °C, Heißluft: etwa 160 °C. Die Papierbackförmchen in die Muffinform legen.

3 Für den Teig Butter oder Margarine mit Zucker und Orangenmarmelade in eine Rührschüssel geben. Die Zutaten mit dem Mixer (Rührstäbe) zunächst kurz auf niedrigster, dann auf höchster Stufe etwa 3 Minuten schaumig schlagen. Eier nach und nach unterrühren (jedes Ei etwa ½ Minute, siehe Ratgeber S. 92/93 → Eierprobe).

4 Maismehl mit Mandeln und Backpulver mischen und unter die Eier-Fett-Masse heben. Die Pfirsichwürfel vorsichtig unter den Teig heben. Den Teig in den Papierförmchen verteilen.

5 Die Muffinform auf dem Rost in den vorgeheizten Backofen schieben. Die Cakes 25–30 Minuten backen.

6 Die Form auf einen Kuchenrost stellen. Achtung: heiß, Topflappen verwenden! Die noch heißen Cupcakes mit dem Pfirsichsaft bestreichen. Cupcakes nach etwa 10 Minuten mit dem Papier aus der Form lösen und auf dem Kuchenrost erkalten lassen.

7 Für das Topping Popkornmais mit Öl in einem großen Topf erhitzen. Den Topfdeckel lose auflegen, damit das Popcorn im Topf bleibt. Sobald die ersten Maiskörner aufpoppen, den Herd ausschalten.

8 Das Kokosfett und die Schokolade in kleine Stücke hacken. Zwei Drittel davon in einem Topf im heißen Wasserbad bei schwacher Hitze unter Rühren schmelzen lassen (siehe Ratgeber S. 92/93 → Wasserbad). Den Topf aus dem Wasserbad nehmen. Die restlichen Kokosfett- und Schokoladenstücke darin unter Rühren schmelzen lassen.

9 Sahne mit Zucker und Sahnesteif steif schlagen. Die Sahne mit einem Esslöffel auf den Cupcakes verteilen. Das Popkorn in die aufgelöste Schokoladen-Kokosfett-Masse geben und gut mischen. Das noch feuchte Schoko-Popkorn auf den Cupcakes verteilen. Die Popcorn Cakes etwa 10 Minuten in den Kühlschrank stellen, damit das Schokoladen-Popcorn fest wird. Popcorn Cakes sofort servieren.

AUSSERDEM:
1 Muffinform (für 12 Muffins)
12 Papierbackförmchen

SMOOTHIE CUPCAKES

12 STÜCK

ZUBEREITUNGSZEIT: 50 MINUTEN, OHNE KÜHLZEIT · BACKZEIT: 20–25 MINUTEN

1 Für den Teig die Butter oder Margarine zerlassen und lauwarm abkühlen lassen. Die Papierbackförmchen in die Muffinform legen.

2 Den Backofen vorheizen. Ober-/Unterhitze: etwa 180 °C, Heißluft: etwa 160 °C.

3 Mehl, Backpulver, Puderzucker und Vanillin-Zucker in einer Schüssel sorgfältig vermischen. Eier (siehe Ratgeber S. 92/93 Eierprobe), lauwarme Butter oder Margarine und Milch hinzugeben. Die Zutaten mit einem Schneebesen zu einem glatten Teig verarbeiten.

4 Den Teig mit einem Esslöffel gleichmäßig in den Papierförmchen verteilen. Die Muffinform auf dem Rost in den vorgeheizten Backofen schieben. Die Cupcakes 20–25 Minuten backen.

5 Die Form auf einen Kuchenrost stellen. Achtung: heiß, Topflappen verwenden! Cupcakes etwa 5 Minuten abkühlen lassen. Dann vorsichtig aus der Form lösen und auf dem Kuchenrost erkalten lassen.

6 Von jedem Cupcake mit einem Sägemesser einen Deckel (etwa ½ cm dick) abschneiden. Die Biskuitdeckel beiseitelegen. Cupcakes mit einem Teelöffel vorsichtig etwas aushöhlen.

7 Für das Topping Gelatine nach Packungsanleitung einweichen. Die Gelatine leicht ausdrücken und in einem kleinen Topf bei schwacher Hitze unter Rühren auflösen. Dabei darauf achten, dass die Gelatinemasse nicht kocht, da sie dann nicht mehr geliert. Zunächst etwa 6 Esslöffel vom Smoothie in die aufgelöste Gelatinemi-schung geben und verrühren. Dann diese Mischung unter den restlichen Smoothie rühren. Smoothie-Gelatine-Mischung in den Kühlschrank stellen, dabei zwischen-durch mit einem Schneebesen umrühren.

8 Die Sahne mit dem Zucker steif schlagen. Sobald die Smoothie-Mischung dicklich wird (die Spuren des Schneebesens sollen nicht mehr verlaufen), die Sahne mit dem Schneebesen vorsichtig unterheben. Die Smoothie-Sahne in den Spritzbeutel füllen. Die Cupcakes mit der Smoothie-Sahne füllen und den Gebäckdeckel daraufsetzen. Cupcakes zugedeckt etwa 2 Stunden in den Kühlschrank stellen. Die Smoothie Cupcakes mit Puderzucker und Deko-Blüten garnieren.

9 Die Smoothie Cupcakes mit Puderzucker und Deko-Blüten garnieren.

TIPPS: Die übriggebliebenen Gebäckbrösel kannst du sehr gut in einer kleinen Pfanne bei mittlerer Hitze mit etwas Butter und einem Esslöffel Zucker rösten. Wenn du möchtest, gib noch einige gehackte Nüsse oder Mandeln hinzu. Gib die Brösel abgekühlt in ein dicht schließendes Schraubglas. So hast du ein prima Topping für deinen Joghurt, ein Fruchtdessert oder Eis.

AUSSERDEM:
1 Muffinform (für 12 Muffins)
12 Papierbackförmchen
1 Spritzbeutel
1 Lochtülle (Ø etwa 1 1/2 cm)

SO CREMIG

FÜR DEN TEIG:
125 g Butter oder Margarine
200 g Weizenmehl
2 gestr. TL Dr. Oetker Backin
125 g gesiebter Puderzucker
1 Pck. Dr. Oetker Vanillin-Zucker
2 Eier (Größe M)
125 ml Milch (3,5 % Fett)

FÜR DAS TOPPING:
4 Blatt weiße Gelatine
250 ml roter Smoothie,
z.B. Birne, Rote Bete und Ingwer
zimmerwarm)
00 g Schlagsahne
mind. 30 % Fett)
gestr. EL Zucker

UM DEKORIEREN:
was Puderzucker
Deko-Blüten aus Esspapier

MAULWURF-CUPCAKES

12 STÜCK

ZUBEREITUNGSZEIT: 25 MINUTEN (OHNE ABKÜHL- UND KÜHLZEIT) · BACKZEIT: ETWA 25 MINUTEN

FÜR DEN TEIG:
100 g Weizenmehl
100 g gem. Haselnusskerne
20 g Kakao zum Backen
3 gestr. TL Dr. Oetker Backin
1 Prise Salz
120 g Zucker
1 Pck. Dr. Oetker Vanillin-Zucker
80 ml Milch (1,5 % Fett)
100 ml neutrales Speiseöl,
z. B. Sonnenblumenöl
2 Eier (Größe M)

FÜR DIE FÜLLUNG:
200 g Schlagsahne
(mind. 30 % Fett)
2 TL Puderzucker
250 g Rote Grütze
(aus dem Kühlregal)

ZUM BESTREUEN:
1–2 TL Kakaopulver
zum Backen

AUSSERDEM:
1 Muffinform (für 12 Muffins)
12 Papierbackförmchen

1. Den Backofen vorheizen. Ober-/Unterhitze: etwa 180 °C, Heißluft: etwa 160 °C.
2. Die Papierbackförmchen in die Muffinform legen.
3. Für den Teig Mehl, Haselnusskerne, Kakao, Backpulver, Salz, Zucker und Vanillin-Zucker in einer Rührschüssel mit einem Schneebesen verrühren. Milch, Öl und Eier (siehe Ratgeber S. 92/93 → Eierprobe) in einem Rührbecher mit dem Schneebesen glatt rühren. Die flüssigen Zutaten zu der Mehl-Nuss-Mischung in die Rührschüssel geben und zu einem glatten Teig verrühren.
4. Den Teig in den Papierförmchen verteilen.
5. Die Muffinform auf dem Rost in den vorgeheizten Backofen schieben. Muffins etwa 25 Minuten backen.
6. Die Form auf einen Kuchenrost stellen. Achtung: sehr heiß, Topflappen verwenden!
7. Muffins etwa 5 Minuten in der Form abkühlen lassen. Dann mit dem Papier aus der Form lösen und auf dem Kuchenrost erkalten lassen. Von jedem Muffin einen kleinen Deckel abschneiden und den Muffin dann etwas aushöhlen, dabei rundherum einen etwa 1 cm breiten Rand stehen lassen. Deckel fein zerbröseln und mit den ausgehöhlten Bröseln mischen.
8. Für die Füllung Sahne mit Puderzucker steif schlagen. Zwei Drittel der Gebäckbrösel unterrühren. Die ausgehöhlten Muffins zunächst mit etwas Roter Grütze füllen. Dann die Bröselsahne daraufgeben. Mit den restlichen Bröseln bestreuen. Vor dem Servieren mit Kakaopulver bestäuben.

Tipps: Du kannst die Maulwurf-Cupcakes auch ohne Papierbackförmchen backen. Dann musst du die Muffinform sorgfältig einfetten und anschließend mit Mehl bestäuben, damit sich die fertigen Küchlein gut aus der Form lösen lassen. Statt der Rote-Grütze-Füllung kannst du 2–3 Bananen (je nach Größe) in kleine Stücke schneiden und die Cupcakes damit füllen.

RATGEBER

Lies vor der Zubereitung – besser noch vor dem Einkauf – das Rezept einmal vollständig durch. So werden Arbeitsabläufe oder -zusammenhänge verständlicher.

ARBEITSZEITEN

Bei den angegebenen Zeiten handelt es sich um Anhaltswerte. Es kann, je nach Erfahrung, manchmal etwas schneller gehen oder auch mal ein wenig länger dauern. Eine genauere Angabe der Kühl- und Abkühlzeiten ist nicht möglich, da sie u. a. von äußeren Umständen abhängen, die wir nicht kennen (z. B. Umgebungstemperatur). Plane für die Zubereitung im Zweifel etwas mehr Zeit ein, damit du entspannt ans Dekorieren und Probieren gehen kannst!

BACKOFENEINSTELLUNG, BACK- UND GARZEITEN

Die in den Rezepten angegebenen Backofentemperaturen, Back- und Garzeiten sind Richtwerte, die je nach individueller Hitzeleistung des Backofens über- oder unterschritten werden können. Die Temperaturangaben in diesem Buch beziehen sich auf Elektrobacköfen. Die Möglichkeiten der Temperatureinstellung für Gasbacköfen variieren je nach Hersteller, sodass wir keine allgemeingültigen Angaben machen können. Bitte beachte deshalb bei der Einstellung des Backofens die Gebrauchsanleitung des Herstellers. Ein Backofenthermometer eignet sich dabei gut, um die Backofentemperatur im Blick zu haben.

BRANDTEIG

Die Zubereitung von Brandteig ist mit Dr. Oetker Brandteig Garant einfach und sicher. Damit gelingt Brandteig auch weniger geübten Bäckerinnen. Wir haben uns deshalb bei den Rezepten in diesem Buch ganz bewusst für den Einsatz entschieden. Möchtest Du den Teig nach der klassischen Methode zubereiten, findest Du eine Anleitung unter www.oetker.de. Gib dann einfach in das Suche-Feld den Begriff „Brandteig" ein.

EIERPROBE

Das bedeutet die Eier einzeln in eine Tasse aufzuschlagen, um sicher zu sein, dass sie frisch sind. Darüberhinaus vermeidet man damit, dass Eierschalenstücke in den Teig geraten. Die Eier werden, wenn im Rezept nichts anderes angegeben ist, nach und nach etwa ½ Minute je Ei unter den Teig gerührt. Nicht zu lange rühren, sonst kann es passieren, dass das Gebäck wieder zusammenfällt.

GELATINE

Beim Verarbeiten von Gelatine achte besonders darauf, die Beschreibung genau einzuhalten. Gelatine darf nicht kochen, da sie dann nicht mehr geliert.

HEFETEIG

Die Zubereitung von Hefeteig ist mit Dr. Oetker Hefeteig Garant einfach und sicher. Damit gelingt Hefeteig auch weniger geübten Bäckerinnen. Wir haben uns deshalb bei den Rezepten in diesem Buch ganz bewusst für den Einsatz entschieden. Möchtest Du den Teig nach der klassischen Methode zubereiten, findest Du eine Anleitung unter www.oetker.de. Gib dann einfach in das Suche-Feld den Begriff „Hefeteig" ein.

MIXER

Mixer haben unterschiedliche Vorsätze: Knethaken zum Kneten für schwere Teige. Rührstäbe für leichte Teige, wie Rühr- und Biskuitteig, für Cremes und zum Sahne oder Eiweiß steif schlagen. Stehen im Rezept Zeitangaben, halte dich daran, da die Gebäcke sonst evtl. nicht richtig aufgehen, bzw. nach dem Backen wieder zusammenfallen.

WASSERBAD

Dafür Wasser in einem kleinen Topf erhitzen. Kuvertüre oder Schokolade grob zerkleinern und in eine hitzebeständige Schüssel (gut: Edelstahl) geben. Schüssel in das heiße Wasser stellen und die Kuvertüre oder Schokolade evtl. unter Zugabe von Speiseöl unter gelegentlichem Rühren schmelzen lassen. Achtung: Es darf kein Wasser in die Kuvertüre gelangen, sonst wird sie klumpig.

ABKÜRZUNGEN MENGENANGABEN

EL = Esslöffel
TL = Teelöffel
Msp. = Messerspitze so viel, wie auf eine Messerspitze (Tafelmesser, Frühstücksmesser) passt
Pck. = Packung/Päckchen
Prise = so viel, wie zwischen Daumen- und Zeigefingerkuppe passt
g = Gramm
kg = Kilogramm
ml = Milliliter
l = Liter
evtl. = eventuell
geh. = gehäuft
gem. = gemahlen
ger. = gerieben
gestr. = gestrichen so viel, wie auf einen mittelgroßen Tee- oder Esslöffel passt, wenn man die Erhebung über dem Löffelrand mit einem Messer abstreif
TK = Tiefkühlprodukt
°C = Grad Celsius
Ø = Durchmesser

VERSCHENKEN

Viele Backideen aus diesem Buch eignen sich prima zum Verschenken. Achte bei der Verpackung darauf, dass du deine Backwerke so einpackst, dass sie den Transport gut überstehen.
So kannst du aus einer festen Pappe eine gute, stabile Unterlage herstellen:
Pappe mit einfachem Geschenkpapier deiner Wahl belegen und an der Unterseite mit einem Klebstift festkleben. Dann einfach mit Frischhalte- oder Zellophanfolie überziehen und ebenfalls auf der Unterseite festkleben. Besonders schön sieht es aus, wenn du zwischen Papier und Folie etwas persönliches „einarbeitest". Dafür eignen sich Fotos, hübsche Postkarten oder einfaches Konfetti. Für Musikfans ist ein altes Notenblatt schön. Selbst ein Ausschnitt aus der Tageszeitung kann für Furore sorgen. Da könntest du die Sportseite für Sportfans nehmen oder die Kulturseite für Theaterfans ...
Kleine Pappkartons (z. B. von Parfümgeschenkverpackungen) lassen sich mit etwas Geschick und Geschenkpapier so verschönern, dass sie als hübsches (und sicheres) Transportmittel gut benutzt werden können.
Beschrifte deine Geschenke liebevoll mit dem Namen des Empfängers. Kleine Pappkärtchen sind schnell ausgeschnitten. Mit einem Locher stanzt du ein sauberes Loch, in das dann ein farblich passendes Bändchen gezogen wird. Vielleicht hast du ja noch Buchstabenstempel aus deiner Grundschulzeit? Einige Anregungen findest du beim Stöbern hier im Buch.

NOCH FRAGEN OFFEN?

Falls Fragen offen geblieben sind, ruf uns einfach an oder schick eine Mail. Du erreichst unseren Verbraucherservice montags – freitags von 9.00 – 18.00 Uhr und samstags von 9.00 – 15.00 Uhr unter der Nummer 00800 – 71 72 73 74 (gebührenfrei). E-Mail: service@oetker.de

Allgemeine Hinweise

Backen macht viel Spaß und die selbst gemachten Köstlichkeiten erfreuen deine Familie, Freundinnen und Freunde, deine Mitschülerinnen und Mitschüler ganz sicher. Damit es rund ums Backen nur schöne Erfahrungen gibt, solltest du einige wenige, doch wichtige Dinge beachten:
Lies das ganze Rezept in Ruhe durch. So weißt du schon mal, worauf es ankommt. Anschließend kannst du den Einkaufszettel schreiben. Viele Zutaten sind ohnehin Zuhause vorhanden. Wir haben bei der Auswahl der Rezepte darauf geachtet, dass keine allzu ausgefallenen Lebensmittel verwendet werden. Bevor es los geht, lege dir alles, was du brauchst, bereit. So musst du nicht während der Teigzubereitung hinter einzelnen Zutaten oder Werkzeugen hersuchen. Noch einfacher wird es, wenn du alle Zutaten schon fertig abwiegst. Achte beim Hantieren in der Küche auf deine eigene Sicherheit! Falls du noch nicht so viel Erfahrung in der Küche hast, lass dir den Umgang mit elektrischen Geräten ausführlich erklären.
Das gilt ganz besonders für den Backofen. Wenn der Backofen in Betrieb ist, denk daran, dass auch die Backofenscheibe heiß wird. Achte auch auf jüngere Geschwister, wenn sie in der Nähe sind! Heiße Backbleche und -formen nimmt man immer mithilfe von Topflappen aus dem heißen Backofen.
Bevor du das Gebäck aus dem Backofen nimmst, achte darauf, dass das Fenster in der Küche geschlossen ist. Manche Gebäcke mögen es nicht, wenn sie nach dem Backen direkt im Durchzug stehen und fallen vor lauter Schreck in sich zusammen ...
Nimm dir für das Dekorieren der Gebäcke ausreichend Zeit, denn du weißt ja: Das Auge isst mit ;-)).
Und zuletzt, doch auch wichtig: Räum benutzte Werkzeuge und verschmutztes Geschirr sofort in die Spülmaschine oder spül es schnell ab.
Dann heißt es auch künftig für dich: Backen und verwöhnen macht schon Teenies Freude!

Alphabetisches Register

KAPITELREGISTER

COFFEE-STORE @ HOME

YOU MAKE ME SMILE

DOPPELT LECKER DOPPELDECKER

VON CAKEPOPS BIS CUPCAKES

FOTONACHWEIS

Walter Cimbal, Hamburg 26, 31
Fotostudio Diercks –
Thomas Diercks/Kai Boxhamer/Christiane Krüger, Hamburg 48, 55, 60, 76, 78, 81, 82, 90
Ulli Hartmann, Halle/Westf. 18
iStockphoto: korhan hasim isik 6, mabe 123 57, Shelly Perry 57, Alistair Forrester Shankie 7, Forrest Woodward 32
Janne Peters, Hamburg 16, 29
Photocase: alyssa 7, benicce 32, bit.it 6, tilla eulenspiegel 6, maspi 72, Andreas Sigl 73, soundso 32, tinykahuna 6
Antje Plewinski, Berlin 10, 21, 65
Anke Politt, Hamburg 5, 6, 8, 12, 15, 24, 33, 34, 36, 38, 41, 42, 44, 47, 50, 52, 56, 57, 58, 62, 66, 68, 70, 72, 74, 84, 86, 89
Shutterstock: Andreka 56, Diego Cervo 72, Trevor Kelly 56, Natalya Peregudova 7, stable 7
Winkler Studios GmbH, Bremen 22

IMPRESSUM

Kaiserstraße 14 b
D-80801 München

6. Auflage 2016

ISBN 978-3-7670-1724-5

PROJEKTLEITUNG
Carola Reich

REDAKTIONELLE MITARBEIT
Carola Hülshoff

TITELFOTO
Thomas Diercks

REZEPTENTWICKLUNG
Irmgard Radke

FOODSTYLING
Christine Bergmayer

GRAFISCHES KONZEPT
FUCHS_DESIGN, Sabine Fuchs

TITELGESTALTUNG
FUCHS_DESIGN

SATZ
Final Art Manfred Karg

REPRODUKTIONEN
Repro Ludwig

DRUCK UND BINDUNG
Firmengruppe APPL, aprinta Druck, Wemding

Die Autoren haben dieses Buch nach bestem Wissen und Gewissen erarbeitet. Alle Rezepte, Tipps und Ratschläge sind mit Sorgfalt ausgewählt und geprüft. Eine Haftung des Verlages und seiner Beauftragten für alle erdenklichen Schäden an Personen, Sach- und Vermögensgegenständen ist ausgeschlossen.

Die Bücher und E-Books der Marke Dr. Oetker Verlag erscheinen als Lizenz in der ZS Verlag GmbH.
www.oetker-verlag.de | www.facebook.de/Dr.OetkerVerlag

Die ZS Verlag GmbH ist ein Unternehmen der Edel AG, Hamburg.
www.zsverlag.de | www.facebook.de/zs-verlag

Für Fragen, Vorschläge oder Anregungen steht Ihnen der Verbraucherservice der Dr. Oetker Versuchsküche, Telefon: 00 800 / 71 72 73 74, Mo.–Fr. 8:00–18:00 Uhr, Sa. 9:00–15:00 Uhr (gebührenfrei in Deutschland) zur Verfügung.